माननीय सभासदो!

व्यंग्य-निबन्ध

माननीय सभासदो !

जवाहर चौधरी

भारतीय ज्ञानपीठ

पहला संस्करण : 1995
दूसरा संस्करण : 2000
तीसरा संस्करण : 2004
चौथा संस्करण : 2007

ISBN : 978-81-263-1446-1

लोकोदय ग्रन्थमाला : ग्रन्थांक 590

प्रकाशक :
भारतीय ज्ञानपीठ
18, इन्स्टीट्यूशनल एरिया, लोदी रोड
नयी दिल्ली-110 003

मुद्रक : विकास कम्प्यूटर ऐंड प्रिंटर्स, दिल्ली - 110 032

चौथा संस्करण : 2007
मूल्य : 40 रुपये

MANANEEYA SABHASADO !
(Hindi Satire)
by Jawahar Chaudhari

Published by
Bharatiya Jnanpith
18, Institutional Area, Lodi Road
New Delhi-110 003

Website : www.jnanpith.net
e-mail : Jnanpith@satyam.net.in, sales@jnanpith.net

Fourth Edition : 2007
Price : Rs. 40

श्रद्धेय नारायण हरि चौधरी
एवं
श्रीमती बीना चौधरी को
सादर

एफ. आई. आर.

अगर आप शरीफ़ आदमी हैं तो आपके चाहने-करने से कुछ नहीं होगा। यदि सौभाग्यवश गुण्डे या नेता हो गये हैं तो आपके लिए किसी भी दरवाज़े पर जाकर 'खुल जा सिमसिम' कहना काफ़ी है। नरभक्षियों के बीच नागरिक होना, जीवन का नारकीय होना है। आँखें मूँदकर जुगाली करते हुए जीने की कला जब तक नहीं आती आपको भारत महान् नहीं लगेगा। आप जानते हैं कि पंचतत्त्व से बना आपका यह टेम्परेरी शरीर लगभग स्थायित्व प्राप्त कर चुकी इस व्यवस्था में कुछ नहीं है। फिर भी पतलून की जेब में मुट्ठी ताने आप यदाकदा अपनी ख़ामोशी तोड़ने के लिए विवश हो ही जाते हैं।

हमारे आसपास का सारा वातावरण बदबू से भरा हुआ है। हमें अपनी नाक भी बन्द करना है और साँस भी इसी से लेना है। इसमें जी नहीं पाने और जीते रहने के बीच जो है उसे हम अपनी सुविधा के लिए कुछ भी नाम दे सकते हैं, जिसमें समझदारी, सहिष्णुता, उदारता, धीरज, कर्मफल जैसे शब्द भी हो सकते हैं। लेकिन वास्तव में यह रेत में गरदन घुसाने जैसा है। शिक्षा आदमी को प्रायः कायर बना देती है। मूर्खतापूर्ण साहस की मैं वकालत नहीं कर रहा हूँ किन्तु कभी-कभी उस स्तर के साहस की ही उपयोगिता दिखाई देती है। तब किसी संकल्प से बँधी मुट्ठी से शिष्ट साहस रिसने लगता है और अन्ततः रीते हाथों में क़िस्मत को रोती लकीरों के अलावा हमारे पास कुछ नहीं होता।

लेकिन इसका मतलब यह तो नहीं कि लेखक भी लिखना बन्द कर दें। यह जानते हुए कि मात्र लेखन से समाज का कुछ बनाया-बिगाड़ा नहीं जा सकता, लिखना बहुत ज़रूरी है। क्योंकि निराशाजनक वातावरण में लेखक जीवन-रक्षक आशा को बनाये रखता है।

व्यंग्य मनोरंजन के लिए पढ़ा भले ही जाय किन्तु इस उद्देश्य से लिखा नहीं जाता है। कहानी-कविताओं की तरह इसमें कोई आवरण भी नहीं है इसलिए प्रायः व्यंग्य भीड़ के सामने खड़ा ताल ठोंकता, चुनौती देता प्रतीत होता है। गिरते-टूटते मूल्यों को बचाने का प्रयास इसमें प्रमुखता से होता है। व्यवस्था की मोटी चमड़ी सख़्त और बेजान हो गयी हो तो भी व्यंग्य एक ट्रीटमेण्ट है, निस्सन्देह एकमात्र नहीं।

अधिकांश रचनाएँ किसी असहमति को लेकर मेरे क़रीब आती हैं और स्वतः

आकार लेने लगती हैं। इसमें कुछ समय लगता है, इसलिए किसी विषय पर शीघ्रता से या त्वरित नहीं लिख पाता हूँ। इसे मेरी कमज़ोरी भी माना जा सकता है। लेकिन जितने दिनों भी रचना मेरे अन्दर होती है, बहुत बेचैन किये रहती है; ऐसी बेचैनी जिससे सिर झटककर या एक गहरी नींद लेकर भी मुक्त नहीं हुआ जा सकता है।

इस संकलन में ऐसी कुछ रचनाएँ हैं जो ऊपरी तौर पर आपको हँसने-मुस्कराने को विवश करेंगी लेकिन दूसरी ओर आपके रोज़नामचे में कहीं 'एफ. आई. आर.' दर्ज करा रही होंगी। आप चाहें तो न्याय करें, चाहें तो स्टे दे दें।

—जवाहर चौधरी

16, कौशल्यापुरी
चितावद रोड, इन्दौर

अनुक्रम

बाइ द पेलवान, आफ द पेलवान और फार द पेलवान

भारत में ग़रीबी ग़रीबों के लिए बुरी चीज़ है, लेकिन भारतीय प्रजातन्त्र के लिए सबसे अच्छी। प्रजा ग़रीब हो तो राज करने का मज़ा दूना हो जाता है। सच मानो तो ग़रीब ही असली प्रजा है। सरकारी योजनाओं और पोलपट्टी का लाभ उठाकर जो प्रजा पैसेवाली हो गयी, वो ज़्यादा चतुर हो गयी। प्रजा चतुर हो तो हर किसी की दाल नहीं गल सकती। इसलिए हमारे नेता ग़रीबी के प्रति श्रद्धा और ग़रीबों के प्रति आदर का भाव रखते हैं। हमारे देश का ग़रीब बड़ा मेहनती होता है। हमारे नेताओं ने सैद्धान्तिक रूप से मान लिया है कि इस भारत-भूमि में मेहनत करनेवाले को दो जून रोटी के अलावा किसी चीज़ की ज़रूरत नहीं है। हमारा ग़रीब दिन-भर काम करके अपने शरीर को थका डालता है। दरअसल, थके शरीर में नींद अच्छी आती है। यही कारण है कि ग़रीब प्रजा अकसर सोती रहती है। जब चुनाव घोषित हो जाते हैं तो नेता अपने पट्ठों को ढोलक लेकर गली-गली में भेजते हैं ताकि वे ख़ूब चिल्लाकर, शोर मचाकर प्रजा को जगाएँ। कुछ दिनों के शोर के बाद प्रजा आँखें खोलती है। अनुकूल समय पर नेता प्रकट होते हैं और उनसे पूछते हैं, "प्यारी प्रजा, नींद कैसी आयी? सपने कैसे आये?"

प्रजा भोली है, उसे नहीं मालूम कि ये जो हाल पूछ रहे हैं वही उसकी बेहाली का कारण है। वे बहला-फुसलाकर उसे अभी अपने साथ ले लेंगे और उसकी अस्मिता से खेलकर, किसी झाड़ी के पीछे छोड़ दिल्ली भाग जाएँगे। लेकिन वह भोली है, कहती है, "हजूर नींद तो अच्छी आती है। पर...सपनों में आप और आपके पुराने वादे आते हैं। इस बार क्या कहते हो मालिक?"

"इस बार हमें एक स्थिर सरकार बनाना है, हम ही हैं जो सरकार की स्थिरता बनाये रख सकते हैं। आप हमें वोट दीजिए हम आपको स्थिर सरकार देंगे। आप समझ गये होंगे कि सरकार कुछ नहीं करे या कुछ तो भी करे, पर उसका स्थिर होना बहुत ज़रूरी है।" नेता ने अगले सपने का सूत्र दिया।

"एक बार आप ही लोगों ने कहा था कि ग़रीबी हटाओ, पर मालिक; ग़रीबी तो और बढ़ गयी है। अब इसथिर सरकार के लिए कह रहे हो तो क्या समझें?" आँख मसलते हुए उसने प्रश्न किया।

"ग़रीबी भी हटी है, कार्यालय पर आओ और रंगीन टी.वी. में देखो कि पैंतालीस साल में हमने देश में क्या-क्या किया है। तुम अपनी ग़रीबी से परेशान मत हो। हम हैं ना तुम्हारे साथ, तुम्हें एक बोतल दारू, सौ का असली नोट मिलेगा। और हाँ, एक कम्बल भी देंगे, ताकि आराम से 'सोते' रहो और अगले चुनाव में फिर हमारे काम आओ।" नेता ने भरपूर प्रेम के साथ आश्वासन दिया।

"बड़ी मेहरबानी हजूर की, पर मेंगाई भोत बढ़ गयी है माई-बाप। अब इसका कुछ करो। दिन भर मेनत करो तो भी शाम को पेट नहीं भर पाता। ज़िन्दगी नरक हो गयी सरकार!" महँगाई का मारा ग़रीब दारू-कम्बल का प्रस्ताव मिलने पर भी चुप नहीं रह सका।

"देखो भाई, तुम्हारे लिए बहुत कुछ किया है हमने। सरकारी ज़मीन पर तुमने अपना टापरा बना लिया, हमने उसमें एक बत्ती बिजली दे दी, एक सार्वजनिक नल लगवा दिया। तेरह रुपये में जनता-साड़ी दी थी वो भूल गये क्या? अनाज के लिए कूपन बनवा दिया। बीमार हो जाओ तो मुफ़्त का सरकारी अस्पताल है। परिवार नियोजन कराओ तो चार सौ नगद देते हैं। टी.वी. दिया है, जगह-जगह घरों में, दुकानों में टी.वी. चलते हैं, कहीं भी झाँककर देखो मज़े में। चालीस साल में इतना कम है क्या?" नेता ने थोड़ा गुस्सा बताते हुए कहा।

ग़रीब को लगा सचमुच उसे बहुत मिल गया है। अगर इतनी मदद नहीं होती तो उसका जीना मुश्किल हो जाता। एक वोट के बदले ये लोग काफ़ी दे देते हैं। नेता हाथ जोड़कर जा चुके थे और वह ख़ुशफ़हमी के क्षेत्र में प्रवेश कर ही रहा था कि दूसरा टोला भजन करता हुआ आ गया। पूरी भक्ति से ग़रीब 'वोटर-देवता' के हाथ जोड़े गये। बदले में दरिद्र-नारायण ने सकुचाते हुए प्रणाम किया। नेता ने पूछा, "अपने देश के बारे में कुछ जानते हो?"

ग़रीबी में आदमी थोड़ा दार्शनिक अवश्य हो जाता है पर ऐसे सवालों का उत्तर देने की सामर्थ्य उसमें पैदा नहीं हो पाती। इसलिए ग़रीब ने सोचते हुए कहा, "जानते हैं मालिक, बाप ज़िन्दा था तो अकसर कहा करता था कि भारत एक ग़रीब देश है। तो हम ग़रीब लोग इसे अपनाई देश समझते थे। बचपना था, साब।"

नेता को लगा कि यह आदमी बात को ग़लत दिशा में ले जाएगा तो समय ख़राब करेगा। इसलिए साफ़-साफ़ पूछा, "तुम जानते हो इस देश में कौन-कौन लोग रहते हैं?"

"हाँ साब, अमीर लोग और ग़रीब लोग। दो तरे के लोग हैं।" उसने पूरे विश्वास के साथ उत्तर दिया।

"ऐसे नहीं, धर्म के हिसाब से बोलो...अच्छा तुम्हारा धर्म क्या है?...गर्व से बताओ।" नेता ने सीना फुलाकर पूछा।

छोटी जात के ख़ाली पेट ग़रीब को पता नहीं था कि गर्व क्या होता है और

फिर यह प्रश्न कुछ सांस्कृतिक क़िस्म का था जिसे समझना उसके बूते का क़तई नहीं था, बोला, "अब क्या बताएँ साब...रोज आधा पेट खाओ तो धरम का क्या मतलब रह जाता है। और धरम के बारे में तो आप पहली बार पूछ रहे हो,...गेरुआ वस्त्रवाले तो जात पूछते रहे अभी तक। हमारे हाथ का वोट तो सबको चल जाता है पर पानी किसी को नहीं चलता। इसलिए हम तो धरम भूल ही गये पीढ़ियों से।"

समय क़ीमती था इसलिए नेता ने बिना बहस में पड़े सीधा सवाल किया, "राम का नाम लेते हो या नहीं?"

"लेते हैं साब, वही तो एक सहारा है।"

"तो ये लो एक झण्डी और एक डण्डी, नव निर्माण करो देश का। हम पुरानी भारतीय संस्कृति के रक्षक हैं, हमारे साथ चलो।"

ग़रीब की नियति तो आज्ञा मानना रहा है, पर आज वह डर रहा है। क्योंकि पीछे ले गये तो शोषण की पीड़ा और आगे ले गये तो फ़साद का भय। ग़रीब का दोनों तरफ़ मरन। बोला, "हजूर यहीं खड़े रहने दो, वोट आपको ही देंगे। आप बड़े लोग, आपके साथ चलना हमारे भाग में कहाँ! सुबे-शाम रोटी की फिकर करना पड़ती है, बाल-बच्चेदार हैं सरकार।"

मँझीरे बजाता, आत्मविश्वास से भरा समूह आगे बढ़ जाता है। ग़रीब राहत की साँस लेता है। वैसे आज राहत की साँस भी सब लोगों को कहाँ नसीब होती है। ग़रीब को तो बिलकुल ही नहीं। अकेला खड़ा सोच रहा है कि किस पर विश्वास करे। ग़रीबों पर राज करने के लिए राजाओं ने आरक्षण का भुलावा दिया है। फिर वोट दें किसे आख़िर। गठरी में सभी कपड़े गन्दे हैं, किसी से इज्जत नहीं बच रही है। पन्द्रह महीनों के फैन्सी ड्रेस के बहाने सबका नंगापन देख लिया है। बावलों के हाथ ढोलक लग गयी तो पीट-पीटकर फोड़ डाली। अब हर कोई भारत-भाग्य-विधाता होने का पोज़ दे रहा है। वह भी क्या मजबूरी है कि चार निकम्मों में से किसी एक को चुनना ही पड़ेगा। ताल ठोंकते, मूँछ मरोड़ते सज्जनों में से भले ही सबसे दुबला चुनें, पर हड्डियाँ तुड़वाने के लिए वही काफ़ी है। प्रजातन्त्र है, हमारा अपना प्रजातन्त्र, याने बाई द पेलवान, आफ द पेलवान और फार द पेलवान।

उच्च शिक्षा का अण्डरवर्ल्ड

"और देखो इस बात का पूरा-पूरा ध्यान रखना कि उन्हें किसी तरह की असुविधा न हो। वे इस समय हमारे अतिथि नहीं भगवान् हैं। हमारे देश में भगवान् क्या काम आता है मुझे यह बताने की आवश्यकता नहीं है, आप लोग खुद समझदार हैं। इस समय हमें उनका निर्विघ्न तथास्तु हासिल करना है। इसलिए हमें सारा काम बड़ी सावधानी और धैर्य से करना है। वे ट्रेन से उतरकर प्लेटफ़ार्म पर आ जाएँ तब तक हममें से कोई उनके सामने नहीं जाएगा। वे फ़र्स्ट क्लास डब्बे के सामने खड़े मिलेंगे, कुछ क्षण इधर-उधर देखेंगे, तब हम लोग सामने जाएँगे। सबसे पहले मैं चरण स्पर्श करूँगा, तब तक आप सब लोग ज़रा दूर रहते हुए उनके चारों ओर घेरा डाल लेंगे। मैं भाभी जी और बच्चों का हाल पूछूँगा, जब तक वे इसका उत्तर देंगे, आप लोगों में से कोई पास नहीं आएगा। इतना होने के बाद मैं 'बहुत बड़ा सौभाग्य हमारा' कहकर उनके बगल में खड़ा हो जाऊँगा, तब आप लोग बारी-बारी से फूलमाला पहनाकर उनके चरण स्पर्श करेंगे।...और ध्यान रहे, वे पीछे मुड़कर नहीं देखते हैं इसलिए पीछे छूटे सारे काम हमें ही करने होंगे। जैसे उनका सामान हमें उठा लेना है, होटल का बिल हमें चुका देना है, बाज़ार से गुज़रते हुए उन्हें कोई चीज़ पसन्द आ जाए तो...समझ गये ना!...और मुरली!!...मुरली कहाँ है?...अच्छा पीछे खड़े हो ...इतना घबरा क्यों रहे हो भई,...हम हैं ना...फिर क्या बात है, एँ?" डॉ. गवली निर्देश देकर सन्तुष्ट हुए, खँखारकर गला साफ़ किया, टाई ठीक की और यहाँ-वहाँ सब जेबों में हाथ डाला, ओफ...!! चेले समझ गये, फ़ौरन सर की खिदमत में सिगरेट प्रस्तुत की। उन्होंने सिगरेट उठाते हुए कहा कि वे सिगरेट नहीं पर्स ढूँढ़ रहे थे। जल्दी-जल्दी में दूसरे सूट में रह गया है। यह बात मुरली के समझने की थी सो उसने तुरन्त समझी, और पचास के नोटों का एक दुबलाया बण्डल उन्हें सौंपकर समझ लिया कि गये ज्ञान की खाड़ी में। क्योंकि पी-एच.डी. उसकी होनी है, ये बाक़ी लोग तो एम.फिल. वाले हैं। शिक्षा आदमी को समझदार आदमी बनाती है। मुरली भी समझदार होता जा रहा है। वो ज़माने गये जब बुद्ध झाड़ के नीचे बैठे और ज्ञानी हो गये। अब तो शिक्षा के चक्कर में आदमी ठूँठ हो जाता है और दो कौड़ी का भी नहीं बन पाता।

ट्रेन आ गयी, लोगों में हलचल हुई, कुली दौड़ पड़े, डॉ. गवली ने इशारा किया, सारे पट्ठे ज़रा ओट में हो गये।

सूट-टाई-चुरुट सज्जित सभ्यनुमा व्यक्ति एक हाथ में सूटकेस और दूसरे हाथ में अँग्रेज़ी की पत्रिकाएँ लिये दूसरे दर्जे के डब्बे से उतरा। अपने डब्बे के सामने रुककर यहाँ-वहाँ नज़र मारी और फिर इस अदा से, जैसे किसी को ढूँढ़ रहे हों, प्रथम श्रेणी के डब्बे के सामने जाकर रुक गये। सूटकेस नीचे रखा, चुरुट से दो फूँक मारी, नज़र का चश्मा जेब में रखा और धूप का चश्मा चढ़ाकर पूरी तरह तैयार हुए। आप डॉ. दाउद हैं। उच्चशिक्षा अण्डरवर्ल्ड के राज्यस्तरीय डॉन।

डॉन का बुद्धिमान होना उतना आवश्यक नहीं है जितना कि सामर्थ्यवान होना। बड़े परिश्रम से वे आज इस स्थिति में पहुँचे हैं। शुरू-शुरू में जब वे इस धन्धे में आये थे, उनकी कोई हैसियत नहीं थी। उच्चशिक्षा के प्लेटफ़ार्म पर डाँटे-डपटे जानेवाले क़ुलीनुमा आदमी की क्या औक़ात होती है। जिसने चाहा जोत दिया, जिसने जहाँ चाहा हाँक दिया। लेकिन प्रभु बड़ा दयालु है। वह चाहे तो पंगु भी पहाड़ चढ़ सकता है। डॉ. दाउद ने धीरे-धीरे जमे हुओं का जयघोष करते हुए उनका विश्वास अर्जित किया। किसी ख़ास कम्पनी के प्रेशर कुकर में पका खाना खिला-खिलाकर कड़ी मेहनत से तरक़्क़ी हासिल की। फिर एक विश्वविद्यालय से दूसरे विश्वविद्यालय तक 'जियो और जीने दो' का अहिंसक सिद्धान्त फैलाया। धीरे-धीरे उनके अनुयायी बढ़े। आज स्थिति यह है कि आप चाहें तो 'उ' को 'उच्च' बना दें या चाहें तो 'उल्लू' सिद्ध कर दें। डॉ. गवली उनकी गैंग के स्थानीय 'चीफ़' हैं।

योजना के अनुसार डॉन का स्वागत होता है। एम.फिल. के लड़के उनका सूटकेस लिये हैं। सारा काफ़िला स्टेशन के बाहर निकलता है। मुरारी द्वारा व्यवस्थित एक कार से वे होटल का रुख़ करते हैं। रास्ते में डॉन कुछ अन्य गैंग लीडरों की जानकारी लेते हैं। "और तो सब ठीक है सर लेकिन ये वी.सी. हाथ में नहीं आ रहा है। जब से आया है एक भी काम ढंग का नहीं हुआ है। यही हाल रहा तो हमारा किया-कराया सब धरा रह जाएगा। आजकल वो डॉ. डोलस के चक्कर में हैं, उन्हीं की सुनते हैं। दरअसल, उनका लड़का डॉ. डोलस के अण्डर पी-एच.डी. कर रहा है। इनका कुछ करना पड़ेगा सर, वरना...।" डॉ. गवली ने उन्हें स्थानीय ख़ुरापातों से परिचित कराया।

"ये डोलस बड़ा सिर उठा रहा है। पिछली बार जब एक थीसिस हमारे पास आनेवाली थी तो इसने ही रुकवायी थी। दो-तीन जगह के पेपर सेटिंग भी उड़वा दिये इसने हमारे। पावरफुल आदमी है क्या? इसके पीछे कौन है?" डॉन ने डॉ. डोलस को पूरी गम्भीरता से लेते हुए पूछा।

"कुछ मन्त्री-वन्त्री परिचित हैं सर, एक रिश्तेदार विधायक भी हो गया है।

और सबसे बड़ी बात तो ये है कि इनका एक भाई हत्या के ज़ुर्म में जेल काट रहा था, पिछले दिनों वह छूट गया है और इन्हीं के पास रहता है। जब-तब उसी की प्रतिभा का उपयोग करते रहते हैं। यों ख़ुद उनमें कोई दम नहीं है। अब आप ही बताइए सर, अपन लोग एकेडमिक लाइन में हैं, ये सब करना शोभा देता है क्या!" कहकर गवली साब ने आशा के साथ डॉन की ओर देखा।

होटल आ गया। लड़कों ने दौड़कर कार का गेट खोला। डॉ. दाउद जेम्स बेकर की तरह कोट का बटन लगाते हुए उतरे, मुस्कराये भी। होटल के बैरों को शाही सेल्यूट मारने का भुगतान किया जा चुका था सो इसका आनन्द लेते हुए वे अपने कमरे में पहुँचे। फिर कुछ ठण्डा, कुछ गरम नाश्ता, कुछ और गरम नाश्ता, कुछ नाश्ता और, प्रारम्भिक दौर में हुआ।

"हाँ तो डॉ. गवली, प्रोग्राम क्या है? मैं कल ही जाना चाहूँगा।" कॉफ़ी का कप रखते हुए डॉन बोले।

"कल ही जाएँगे!! ऐसा कैसे हो सकता है सर, एक दिन तो आपको रुकना ही पड़ेगा। 50-60 किलोमीटर पर एक बढ़िया जगह है, लोग तो हिल स्टेशन ही मानते हैं उसे। बच्चों ने बड़े आग्रह से वहाँ का प्रोग्राम बनाया है सर, आसपास कुछ हिस्टोरिकल पेलेस हैं, उन्हें भी देख लेंगे, एक आउटिंग भी हो जाएगी सर। वैसे भी आप कितने बिजी रहते हैं!" डॉन को कितना और कैसा आग्रह लगता है यह डॉ. गवली अच्छी तरह से जानते हैं।

"भई ये तो सम्भव नहीं है, परसों मेरी बेटी को देखनेवाले आ रहे हैं। यू नो, कुछ काम-वाम रहते हैं। मुझे कल शाम तक पहुँचना ही पड़ेगा। वर्ना घरवाले सब इन्तज़ार करेंगे। मैं तो आ ही नहीं रहा था, पर आपकी तरफ़ से फ़ोर्स था इसलिए सोचा, चलो ठीक है।" डॉन ने कृपालु होने की मुद्रा बनायी।

सुनते ही मुरली ने राहत की साँस ली, एम.फिल. वाले भी अन्दर ही अन्दर प्रसन्न हो गये। सोचने लगे पाप जितनी जल्दी कटे उतना अच्छा। सब नौसिखिये थे, एकेडमिक वातावरण को देखने-समझने में फ़िलहाल सर्वथा अयोग्य। लेकिन डॉ. गवली समझ गये कि 'सर' वापसी यात्रा प्लेन से करना चाहते हैं, बोले, "ऐसा कैसे हो सकता है सर, इन बच्चों का दिल टूट जाएगा। बड़े भाग्य से इनके जीवन में यह अवसर आया है कि आपकी सेवा का लाभ उठाएँ। ना...यह प्रोग्राम तो क़तई नहीं बदलेगा। अरे भई लड़को! सर से आग्रह करो।"

लड़कों को डॉ. गवली पर ताव आ रहा था, जब वे नहीं जाना चाहते तो बिना बात उन पर दबाव क्यों डाला जा रहा है। आगे और लोग भी तो एम.फिल., पी-एच. डी. करेंगे। लेकिन मज़बूरी थी, सबने एक स्वर में मिमियाती-सी प्रार्थना की और हाथ जोड़ दिये।

"लेकिन कल सारा दिन आपके साथ रहा तो परसों मैं समय पर पहुँचूँगा कैसे?

समस्या तो ये है ना।" विवशता प्रकट करते हुए डॉ. दाउद बोले।

"आप चिन्ता नहीं करें सर, आप हवाई जहाज़ से चले जाइएगा। एक घण्टे में पहुँच जाएँगे।" गवली ने अपना कर्तव्य पूरा किया।

"ऐसा?...तो ठीक है, जैसी आप लोगों की मर्ज़ी।" लड़कों की ओर बगैर देखे उन्होंने स्वीकृति दी।

"अरे वाह, ये हमारा बहुत बड़ा सौभाग्य है सर, आपकी इस कृपा को ये बच्चे ज़िन्दगी भर याद रखेंगे।" लेन-देन के इस उच्च स्तर पर बड़ी आशा से डॉ. गवली आज देने का रोल अदा कर रहे हैं।

सारे लड़के हवाई जहाज़ के टिकट के अर्थशास्त्र में खो गये। पता नहीं कितने का आएगा। गवली सर ने इसके बारे में तो बताया नहीं था, पर फँसवा दिया अब।

"अभी तो चार बज रहे हैं। आज शाम का क्या है?" डॉ. दाउद ने लड़कों की चिन्ता को ताड़ते हुए फ़ौरन शाम का कार्यक्रम जान लेना उचित समझा।

"कुछ विशेष नहीं सर, आप सफ़र से आये हैं इसलिए थोड़ा फ्रेश-व्रेश हो लेते, फिर कुछ लोगों की इच्छा है मिलने की, वे लोग आएँगे। शाम को भोजन की व्यवस्था इसी होटल में है।" गवली ने तफसील पेश की।

"शाम को खाने में खिचड़ी ही लूँगा भई, मेरा पेट ठीक नहीं है कुछ दिनों से। आप लोग ज़्यादा तक़लीफ मत उठाना।"

मुरली सहित लड़के फिर ख़ुश होने की ग़लती करने लगे।

"खिचड़ी!!...उच्च शिक्षा में खिचड़ी! ऐसा तो आज तक नहीं हुआ सर। हायर एजूकेशन तो मुर्ग़ों के बल पर ही चल रहा है सर। लोग तो 'जनेऊ' उतारकर 'मुर्ग़ों' पर कृपा कर रहे हैं आजकल।...ये लड़के चिकन तन्दूरी और कबाब का ऑर्डर दे चुके हैं, बन ही रहे होंगे सर।" गवली ने पास आकर धीरे से कहा।

"लेकिन मेरा पेट ठीक नहीं है डॉ. गवली, इसलिए...।"

"ई. सी. जी. करवा दें सर, या और कोई मेडिकल चेकअप, जो आप चाहें।" गवली ने सम्भावनाओं को पकड़ने की कोशिश की।

"क्या डॉ. गवली आप भी 'बेसुरा-बेसुरा' बोलते हो। ऐसी कोई बात नहीं है, मैं ठीक-ठाक हूँ।"

'बेसुरा' से 'सुरा' समझ लेने की क्षमता केवल डॉ. गवली में थी। सो वे समझ गये।

शाम होने से पहले डॉन मीटिंग के लिए तैयार हुए। गवली ने फ़ोन कर अन्य 'हस्तियों' को आमन्त्रित किया। लेकिन बातचीत के लिए केवल डॉ. मस्तान और डॉ. राजन ही आये। मसले सौहार्दपूर्ण वातावरण में सुलझाये गये। 'बेसुरा' कोई नहीं रहा। तय हुआ कि सारे लोगों को डॉन का संरक्षण मिलेगा। पेपर-सेटिंग, मूल्यांकन कार्य, थीसिस वगैरह की एक-एक खेप सबके यहाँ उतरेगी। बदले में सव डॉन के

प्रति निष्ठावान बने रहेंगे और जैसा भी मौक़ा मिलेगा उन्हें अपने यहाँ बुलवाते रहेंगे। प्रयास यह रहे कि 'एयर फेयर' मिले, वरना रेल का फ़र्स्ट क्लास फेयर तो है ही। आगे अपनी नीतियों का खुलासा करते हुए डॉन ने बताया कि आजकल व्यस्तताओं के कारण उनका पढ़ना-लिखना ज़रा कम ही हो पाता है। बच्चे वीडियो ले आये हैं सो थोड़ा समय उसमें चला जाता है। बी.पी. रहने के कारण डॉक्टर ने भी अधिक पढ़ने को मना कर दिया है। इसलिए वे अब प्रायः थीसिसों में सम्बन्धों के आधार पर ही अपना निर्णय दे देते हैं। वैसे भी आप विद्वानों की योग्यता पर सन्देह नहीं किया जाना चाहिए। इसलिए आप लोगों को थीसिस की अपेक्षा सम्बन्धों पर अधिक ध्यान देना चाहिए। लेकिन आप ऐसा नहीं समझें कि हमने पढ़ना बिलकुल ही बन्द कर दिया है। जिन थीसिसों को अटकाना होता है उन्हें थोड़ा-बहुत पढ़ना पड़ता है। मेहनत से हमें पीछे नहीं हटना है। उच्चशिक्षा में इन दिनों वातावरण अच्छा नहीं है, कुछ असन्तुष्ट यहाँ-वहाँ जाकर कान भरने लगे हैं। इस ओर भी ध्यान देना आवश्यक है। इसलिए चिल्लानेवालों को टुकड़ा डालकर चुप रखना बहुत ज़रूरी है। ध्यान रहे, यह व्यवस्था कम से कम पाँच साल तो बनाये रखनी है।

गवली को मालूम है इस पंचवर्षीय आग्रह का रहस्य। डॉन का बेटा ग्रेजुएट हो गया है, दो साल में वह पी. जी. करेगा फिर दो साल में पी-एच. डी., बचा एक साल, बतौर सावधानी और सुविधा के नाम।

इसके साथ ही भोजन की टेबल पर अण्डरवर्ल्ड की यह मीटिंग समापन की ओर बढ़ चली। बाहर खड़े लड़के, अँधेरे में सुबह से लड़ने की कोशिश कर रहे हैं। डॉन ने बड़े आग्रह के बाद केवल तीन मुर्ग़-तन्दूरी ग्रहण किये। उनके सामने रखी प्लेट हड्डियों से भर गयी। उच्चशिक्षा में काम आये बदक़िस्मत मुर्ग़ों की हड्डियाँ। समझ में नहीं आता मुर्ग़ों में इतनी हड्डियाँ क्यों होती हैं। मुर्ग़े जब मुर्ग़े ही होते हैं तो वे बोनलेस क्यों नहीं होते?...

माननीय सभासदो!

माननीय सभासदो! आपको सूचित करने में आता है कि मैं भी इन दिनों भौंकने लगा हूँ। फ़िलहाल मेरे गले में किसी का पट्टा नहीं है। आप कह सकते हैं कि आवारा हूँ। कोई भी कह सकता है, लेकिन आपको बता दूँ कि मैं पढ़ा-लिखा बुद्धिजीवी हूँ और मेरी भौंक शास्त्रीय है। मैंने पाया है कि इस लोकतान्त्रिक व्यवस्था में श्रेष्ठ एवं शिष्ट भौंकने के गुण मुझमें हैं। एक बार आप लोग अवसर दें तो मैं सुविचारित भी भौंक सकता हूँ। इन दिनों राजनीति में आपराधिक प्रवृत्ति के सज्जन सक्रिय हैं, चुना भी उन्हीं लोगों को जा रहा है जनता के द्वारा। इसलिए मैं इस दिशा में भी प्रयासरत हूँ। सेहत अच्छी है, ईश्वर चाहेगा तो दाँत भी बड़े हो जाएँगे और एक दिन आपके सामने हाजिर हो जाऊँगा। मान्यवर, अभी तो मैं संसद में नहीं हूँ, हाँ सड़क पर भी नहीं हूँ इसलिए शुरूआत में कुछ सिद्धान्त भौंकने पड़ रहे हैं।

हिन्दी हमारी राष्ट्रभाषा है और मेरी भौंक की भाषा भी। लेकिन मैंने देखा है कि हिन्दी की अपेक्षा अँग्रेज़ी की भौंक अधिक प्रभावशाली और स्वाभाविक प्रतीत होती है। सोचता हूँ कि काटते-भौंकते आगे बढ़ने के इस युग में भौंक की भाषा सोच की भाषा से अलग होनी चाहिए। यही कारण है कि मेरे बच्चे अँग्रेज़ी माध्यम से शिक्षा प्राप्त कर रहे हैं। हिन्दी हमारी घर की भाषा है, रोज़ी-रोटी की भाषा है, प्यार की भाषा भी है लेकिन प्रभाव की भाषा नहीं है। जब विदेशी सेण्ट से महकता कोई मेहमान हमारे यहाँ आता है तो उस पर प्रभाव डालने के लिए मैं अपने पप्पू से कहता हूँ कि बेटा अंकल के सामने एक अँग्रेज़ी पोयम भौंक दो। और जैसा कि उसे रटाया होता है वह पोयम भौंक देता है। मेरा सीना भी लोकप्रिय मॉडल का है, ऐसे अवसर पर फ़ौरन गर्व से फूल जाता है। आख़िर टायगर कहलाने की चाह किस कुत्ते में नहीं होती! लेकिन जैसा कि आपको पहले बता चुका हूँ कि मैं एक अतिरिक्त रूप से सुलझा हुआ बुद्धिजीवी हूँ अतः अपनी प्रसन्नता छुपाते हुए हिन्दी के समर्थन में अपने विचार व्यक्त करता हूँ। जताता हूँ कि हिन्दी से मेरा अटूट प्रेम है और 'किन्तु', 'परन्तु', 'लेकिन', 'यदि', 'फिर भी', 'वैसे तो' आदि शब्दों के सहारे बात को अपने पक्ष में किये रहता हूँ।

आप भी जानते होंगे कि हिन्दी का सैद्धान्तिक समर्थन बच्चों के भविष्य के लिए आवश्यक है। दूसरे हिन्दी में उलझे रहें तभी तो अपनों को अँग्रेज़ी का लाभ

मिलेगा। अगर कहीं सभी अँग्रेज़ी पढ़ने लगे तो सामने खड़ी आय. ए. सी. मारी नहीं जाएगी! यही कारण है कि मुझ जैसे लोग 14 सितम्बर को हिन्दी दिवस या हिन्दी सप्ताह मनाते हैं। पिछले कई वर्षों से मैं इस दिन हिन्दी के पक्ष में सार्वजनिक रूप से भौंक आता हूँ। दो साल हुए, एक बार मैं एक स्थानीय बैंक में उसके अँग्रेज़ी प्रेमी कर्मचारियों के सामने हिन्दी दिवस पर मुख्य अतिथि के रूप में भौंक रहा था कि व्यवस्था के अनुरूप किसी ने फ़ोटो उतार ली। दूसरे दिन वह फ़ोटो अख़बार में छपी। हिन्दी का तो कुछ नहीं हुआ लेकिन शहर में सिद्धान्त भौंकनेवाले बुद्धिजीवियों की संख्या बढ़ गयी। परन्तु इससे क्या, प्रतिस्पर्धा कहाँ नहीं है, बाल-बच्चे सबके हैं। दूसरे बरसाती मेंढक की तरह टरटराकर चुप हो जाएँगे लेकिन मैंने सतत-अखण्ड भौंकने का निर्णय लिया है। पथ भले ही भ्रष्ट हो किन्तु दूरदृष्टि और पक्का इरादा इन दिनों समझदारी की पहली शर्त है।

माननीय सभासदो! मुझे भी ईश्वर ने आपकी ही तरह एक अदृश्य दुम दी है। और मैं गर्व से कह सकता हूँ कि वह टेढ़ी है। पिछले पैंतालीस साल में आप लोगों की सीधी नहीं हुई, अगले पैंतालीस साल की गैरण्टी मैं लेता हूँ कि आपकी स्थापित उच्च परम्पराओं को चौटाला सन्तानें बराबर आदर देती रहेंगी। आदमी का शरीर नाशवान है, उसे फूँककर मुक्ति पायी जा सकती है लेकिन उसके छोड़े पदचिह्नों को भुगतना ही पड़ता है। ये पदचिह्न मदिरालयों, वेश्यालयों, तस्करों के अड्डों, आपराधिक जेलों, हत्याओं-बलात्कारों आदि अनेक पवित्र स्थानों एवं कर्मों से होते हुए अन्त में संसद में जाकर रुक जाते हैं। मुझे इन पदचिह्नों के अलावा अब कुछ नहीं दिखाई देता है। कुछ लोग मरने के बाद पदचिह्न ही नहीं, टेढ़ी दुम भी छोड़ जाते हैं। बाद में पीढ़ियाँ समय-समय पर उस दुम को जातिवाद, आरक्षण, तीन सौ सत्तर आदि नामों से झाड़ती-पोंछती रहती हैं। सब जानते हैं कि आजकल राजनीति में दुमों का बड़ा महत्त्व है। राजनीतिज्ञों की दुम ऊपर से सेकुलर होती है। सेकुलर दुम का लाभ यह होता है कि दो विपरीत दिशाओं से देखनेवालों को यह लगता है कि वह उन्हीं के लिए हिल रही है। सभापतिजी, बुद्धिजीवियों के शरीर में हिलाने के लिए दुम के अलावा और कुछ नहीं होता। कृपया एकाध बार हमें भी ट्राई करें।

बन्धुओ! इन दिनों हम लोग ख़ामोश हैं, आप माइण्ड ना करें। दरअसल सिद्धान्त भौंकते रहने के कारण हमारी आदत बिगड़ गयी है। आजकल सिद्धान्तों का टोटा है। कहीं किसी ढेर में सिद्धान्त पकड़ने की कोशिश करो तो मुँह में खण्डन और विरोध आ जाता है। सब जानते हैं कि विरोध में मुँह खोलना बुद्धिमानी नहीं है। ख़ासकर अब जबकि राजनीति गुण्डागणों के सक्रिय सहयोग पर चल रही है। हम ख़ूब आगा-पीछा सोच लेनेवाले लोग हैं। महँगाई के विषय में आप साहबान थोड़ा-बहुत सैद्धान्तिक तो जानते ही होंगे। हमने पता कर लिया है, क्रियाकर्म और अश्रुपूरित श्रद्धांजलि का ख़र्च आसमान छू रहा है। सिद्धान्तों का अभाव हमें जीने

नहीं दे रहा, और महँगाई मरने नहीं दे रही है। बुद्धिजीवी अनारकली होकर रह गये हैं। अगर राष्ट्रभाषा हिन्दी जैसे विषय नहीं हों तो हमारे लिए संवाद का संकट पैदा हो जाए।

माननीय सभापतिजी, मैं जानता हूँ कि आपके पास समय कम है और मुझे अपनी बात संक्षेप में कहनी चाहिए। ज़रा सोचिए, इन कठिन परिस्थितियों के चलते एकाध पद्मश्री की पात्रता तो हमें आती है। इन दिनों ख़ूब बाँट रहे हैं। देश आर्थिक संकट में है और नयी आर्थिक नीतियाँ बहुत ज़रूरी हैं। प्रमाण-पत्र इकट्ठे छपवा लिये जाएँ और एक ही कार्यक्रम में अधिक से अधिक लोगों को दे दिये जाएँ तो बचत होती है। बचत आज देश की सबसे बड़ी आवश्यकता है। बुद्धिजीवी देश के काम आने के लिए तत्पर हैं। सबसे पहले मैं ही हाजिर हूँ, बुलवाइए और दे दीजिए एक पद्मश्री सबके साथ, बिना अतिरिक्त ख़र्च। नंगा गला अच्छा नहीं लग रहा है, पट्टा डल जाए तो कुछ दिशा मिले। यानी आपके आगे हिलाएँ और आपके विरोधियों पर भौंकें। मैं आपको विश्वास दिलाता हूँ कि यदि इस बार मुझे उक्त पुरस्कार के लिए चुना जाता है तो मैं अपनी पूरी निष्ठा और शक्ति राज्य सरकार की बारा बजाने में लगा दूँगा। थोड़ा कहा है अधिक समझना। आपके निर्णय की प्रतीक्षा में—अध्यक्ष, प्रबुद्धसभा—म.प्र.।"

व्यायामशाला में शरदजी की शोकसभा

"शरद की चिट्ठी हमेशा आती रहती थी। व्यायामशाला के विषय में उसे बहुत चिन्ता थी। पिछली दफा हमने उसका सम्मान किया था।" उस्ताद आये हुए लोगों में से कुछ ख़ास जनों के साथ बतिया रहे हैं।

आज इस व्यायामशाला में व्यंग्यकार शरद जोशी के निधन पर शोकसभा का 'अवसर' है। अख़बार में शोकसभा की सूचना छपी है। शोकसभा से पहले और शोकसभा के बाद अख़बार में छपना अनेक कारणों से व्यायामशाला के लिए ज़रूरी होता है। फिलहाल कुछ लोग आ गये हैं।

"अरे भई, देखो, शरद की कोई फ़ोटो-ओटो है क्या? वो एलबम कहाँ है भई! (साथ खड़े लोगों से) हमारे पास शरद के फ़ोटो का पूरा एलबम है, पिछली दफा हमने सम्मान किया था उसी का है।"

पुराने राजे-महाराजे या उस्ताद तब तक अपनी गद्दी पर बने रहते थे जब तक कि यमराज के दक्षिण अफ्रिकी दूत उन्हें घसीटते हुए अपने साथ नहीं ले जाएँ। कुछ ऐसा ही हमारी व्यायामशाला के साथ है। मेरी उम्र के लोग जब से देख रहे हैं हर डोलग्यारस पर साफा इन्हीं उस्ताद के सिर पर लपेटा जाता रहा है। उस्ताद जब लौण्डे थे, व्यायामशाला के पासवाले आम के पेड़ के नीचे डण्ड पेला करते थे किसी 'कारण' से। इसी 'कारण' के पीछे-पीछे उस्ताद स्कूल भी जाने लगे। कसरत के साथ पढ़ाई भी चली। उन्हें साहित्य से प्रेम कैसे हो गया, यह जानना शोधछात्रों का संकट है। मोटी-मोटी किताबें उन्हें सबसे ज़्यादा पसन्द हैं। स्वास्थ्य अच्छा हो तो हाथ में पतली किताबें शोभा नहीं देतीं। हर किताब का नाम और वज़न उन्हें आज भी याद है। हिन्दी शब्द-सागर उनकी पसन्दीदा किताब है। सबसे पहले इसमें उन्होंने मातृभाषा के अश्लील शब्दों के प्रामाणिक अर्थ जाने थे। इन्हीं अभिरुचियों के चलते स्थानीय स्कूल में अध्यापिकी का अवसर उनके सामने आ खड़ा हुआ। पहलवान थे, साहित्य लिफ्टर हुए और अब शिक्षक याने गुरु बन गये। प्रगति के इतने सोपान चढ़ने के बाद भी उन्होंने अपने व्यायामशाला-प्रेम में कमी नहीं आने दी। कालान्तर में इसे साहित्य से जोड़कर उसकी मुखैती पर कुण्डली मारकर बैठ गये। तब से आप अनेक हिन्दी साहित्यकारों की शोकसभा आयोजित कर हिन्दीसेवा में लीन हैं।

इस समय उस्ताद के हाथों में शरदजी की कुछ किताबें हैं। चेहरे पर प्रसन्नता

है जो छुपाने के प्रयास में कभी-कभी लुप्त हो जाती है। तभी रेडियो स्टेशनवाले आ जाते हैं। चूँकि किताबें उनके हाथ में हैं इसलिए वे ही सम्पर्क किये जाने योग्य समझे जाते हैं। मेरे साथ खड़े सज्जन सिर हिलाते हुए कहते हैं, "कोई यूँही किताबों का बोझ उठाये नहीं फिरता, यह क्रिया बड़ी अर्थपूर्ण है। बन्दर के हाथ में किताब देखकर लोग उसे हनुमान मानने में देर नहीं करेंगे।" रेडियोवालों के सामने वे मुस्कराते हुए 'शरद' के निधन का दुःख व्यक्त करते हैं और याद दिलाते हैं कि 'पिछली दफा हमने उनका सम्मान किया था।'

व्यायामशाला के पास अपनी दो निजी दरियाँ हैं। प्रायः हर शोकसभा इन्हीं पर सम्पन्न हुई है। आज भी वही दरियाँ उस्ताद के व्यक्तित्व की तरह व्यायामशाला के सभाकक्ष में पसरी पड़ी हैं। किसी सिरे को उठाकर देखेंगे तो आप उसके नीचे तमाम कचरा और गन्दगी पाएँगे। रेडियोवालों से किसी तालमेल के बाद वे उपस्थितों पर एक नज़र डालते हैं, फिर घड़ी पर। विशिष्ट शोककर्ता विद्वान् परामर्श देते हैं कि–अब और नहीं आएँगे, आप तो शुरू कर दीजिए।

वे निर्णय न ले पाने का-सा अभिनय करते हैं। कम उपस्थिति का दुःख शरदजी के निधन के दुःख से आगे निकल जाता है। बस चलता तो सबको बेंच पर खड़ा कर देते। एक साहित्यकार के मरने पर इतनी कम उपस्थिति! अगर यही हाल है तो क्या मतलब हुआ व्यायामशाला को हिन्दी साहित्य से जोड़ने का। सोचा था साहित्यकार भी आएँगे और पहलवान भी। "पिछली दफा हमने उनका सम्मान किया था तो कितनी भीड़ थी!" वे बोले।

"ये शरदजी के होने और न होने का फ़र्क़ है। आदमी होता है तो बहुत कुछ होता है, नहीं होता तो कुछ नहीं होता।" साथवाले सज्जन दार्शनिक हो चले।

"पन्द्रह लाख की आबादी का शहर है और हमारे बुलावे पर पन्द्रह लोग आते हैं! शर्म की बात है।" उस्ताद को क्षण भर के लिए अपने 'हम' की औक़ात का अहसास होता है।

तभी दूसरे सज्जन फूटते हैं, "आजकल लोगों की लाइफ़-वाइफ़ ऐसी है कि वे समय नहीं निकाल पाते। शोकसभा में उपस्थित नहीं होने का मतलब यह नहीं कि उन्हें शोक-वोक नहीं है। कई साहित्यकार शरदजी के गम-वम में पिएँगे आज। ...आप लेते हैं क्या?...दरअसल, बिना कम्पनी के मैं...।"

"यार इतने सारे अख़बारों का शहर है यह, अगर हर एक के सम्पादक आ जाते तो ही काफ़ी लोग हो जाते।" पहले सज्जन बीच में बोले।

उस्ताद स्थानीय सम्पादकों से प्रेमभाव रखने की क्रिया को अपना एक दाँव मानते हैं। इसीलिए किसी सम्पादक के ख़िलाफ़ न कुछ कहते हैं और न कुछ सुनते हैं। बोले, "ऐ...ऐ...ऐ...ऐसा नहीं है। सम्पादक के पास अख़बार होता है, वह अपनी श्रद्धांजलि सम्पादकीय और लेख के ज़रिये दे सकता है। उसे यहाँ आने की क्या

ज़रूरत! वह तो दो मिनिट मौन रखने के बजाय सम्पादकीय में चार लाइनें ज़्यादा लिख दे, यही सबसे अच्छा है। यहाँ तो आप जैसे लोगों को आना चाहिए। लेकिन देख लो, ये हाल हैं!" एक कुशल वकील की तरह वे बोले।

"यह एलबम ऐसा ही खोलकर रख दें?" एक पट्ठे ने आकर पूछा।

"हाँ, रख दो ऐसे ही, लोगों को मालूम पड़ेगा कि पिछली दफा हमने सम्मान भी किया था।"

"कुर्सी पर रखें ना?"

"हाँ, कुर्सी पे ही ठीक है।"

"चादर सफ़ेद लगाएँ या चौकड़ीवाली?"

"सफ़ेद ही ठीक रहेगी, है ना?"

"फूल माला कितनी मँगायी हैं?"

"एक। "..." बहोत है, पन्द्रा लोग तो आये हैं। और देखो, एक स्टील की फ्रेम पड़ी होगी, उसमें लगा लो फ़ोटो। देखो ज़रा।" निर्देश देकर उस्ताद फिर हमारी तरफ़ मुखातिब हुए, "कितना खुश था शरद, पिछली दफा जब हमने सम्मान किया था!"

ख़ाली समय को भरने के प्रयास में लगे हम लोग घड़ी और गेट देखते हुए जारी थे, "पद्मश्री मिलने के बाद उनका सम्मान करना किसके लिए था, उनके या व्यायामशाला के...?"

"वेट लिफ्टिंग और सोच विचार में सन्तुलन बहुत ज़रूरी है। बेजा मत सोचो। पद्मश्री इस देश का अन्तिम सम्मान नहीं है। पिछली दफा जब हमने शरद का सम्मान किया था तो उसने मुझसे कहा था—दद्दा, सम्मान तो वही जो आप करें, बाक़ी सब धूर समान। यह था उसका दृष्टिकोण।" भरपूर घूरते हुए उन्होंने कहा। हाथ में किताबें नहीं होतीं तो ताल भी अवश्य ठोंक देते।

"अरे भई, अब शुरू करो, काफ़ी इन्तज़ार हो गया।" इस बार विशिष्ट शोककर्ता बोले। उस्ताद को भी लगा कि अब ज़्यादा देर करेंगे तो उधर कोने की तरफ़ खिसकते जा रहे दो आदमी भाग जाएँगे। अपने लिए तेरह का आँकड़ा वे अशुभ मानते हैं इसलिए सभाकक्ष की ओर चल पड़े।

दो विद्वानों के बाद तीसरे को रोककर उस्ताद खड़े हुए और अपने शोकपत्र का वाचन शुरू किया—

"पिछली दफा हमने प्रसिद्ध व्यंग्य कवि शरद जोशी का सम्मान किया था। वो अपने शिष्यकाल से ही हमारी व्यायामशाला में रहते थे। उधर वो कोनेवाला कमरा हमने उनको दे रखा था। ये व्यायामशाला उनकी कर्मभूमि रहा है...।"

दरी पर हमारे पीछे बैठे दो नौजवान फुसफुसा रहे थे, "शरद जोशी को कवि बोल रहा है यार।"

“कवि-सम्मेलन में जाते थे इसलिए बोल रहा होगा।”

“लेकिन यार, श्रद्धांजलि का कार्यक्रम है, ऐसे में अच्छे-भले लेखक को सार्वजनिक रूप से कवि कह देना शोभा देता है क्या?”

“अपने को क्या मालूम यार, शरद जोशी इनकी व्यायामशाला में रहते थे। ये उस्ताद हैं, जिससे चाहते हैं डण्ड लगवाते हैं और जिससे चाहते हैं बैठक। शरदजी से इन्होंने कविता लिखवायी होगी। अपने को क्या पता!”

“...और अब हम सब दो मिनिट का मौन रखेंगे।” बोलते हुए उन्होंने अपना भाषण-पाठन समाप्त किया। सब खड़े हो जाते हैं। उस्ताद का धैर्य एक मिनिट में ही जवाब दे जाता है। वे घण्टी की तरह ‘ओम शान्ति शान्ति’ उच्चारते हैं और जैसे स्कूल में घर जाने की छुट्टी हो जाती है, सभा का समापन हो जाता है।

छह टाँगोंवाला गिरगिट

हर साल की तरह इस साल भी युवानेता 'भियाजी' ने होली पर धमाल करने की योजना बनायी तो बनवारी बाबू ने उन्हें साफ़ मना कर दिया। उनका सोचना है कि नेता की एक छबि होती है, जिसे मात्र होली-वोली खेलकर नहीं बिगाड़ना चाहिए। बनवारी बाबू भियाजी के सान्ध्यकालीन प्रायवेट सेक्रेटरी और प्रातःकालीन सलाहकार हैं। यद्यपि वे स्वयं अभी युवाई से ख़ारिज नहीं हुए हैं लेकिन पढ़े-लिखे होने और हाथ-पैर में दम नहीं होने के कारण नेतागिरी के सर्वथा अयोग्य समझे जाते हैं। नौकरी नहीं मिलने के कारण यहाँ-वहाँ भटकते रहे। फिर अपने धन्धे का विचार बनाया पर सफल नहीं हुए। सब जगह से हारकर युवानेताई शुरू की। अभी इसके दाँवपेंच सीख ही रहे थे कि भियाजी ने आकर ताल ठोंक दिये। मरता क्या नहीं करता, इनके साथ हो गये। वैसे प्रकट रूप में उनका मत है कि जब आपको राजनीति के खेल खेलना हो और अपने आपको सुरक्षित भी रखना हो तो ख़ुद नेता बनने की अपेक्षा किसी के सलाहकार हो जाना अधिक अच्छा है। चाणक्य ने नीतियों के नाम पर राजा को सलाहें दीं और मनचाहा करवाया लेकिन ख़ुद कभी राजा बनने का प्रयास नहीं किया। बनवारी लाल ने सोचा कि खुद नेता बनकर जूते खाने से अच्छा है कि चाणक्य की व्यावहारिक नीति से काम लिया जाए, सो वे बनवारी बाबू के रूप में स्थापित हो गये। अब युवानेता के अधिकांश कार्यक्रम इनकी देखरेख में तय होते हैं। समारोहों की अध्यक्षाई में 'दो शब्द' की ज़रूरत होती है तो बनवारी बाबू तुरन्त अपनी खँखार से तैयार करके भियाजी के मुँह में डाल देते हैं। अख़बारों में बयान, विज्ञप्तियाँ, समर्थन, श्रद्धांजलियाँ सब कुछ उनकी कलम से निकलकर जाते। आज उन्होंने अपनी पकड़ इतनी मजबूत कर ली है कि भियाजी उनकी सलाह के बग़ैर अपने निजी काम भी नहीं करते हैं, हाँ अपनीवाली पे आ जाएँ तो बात अलग है।

होली पर तो अच्छों-अच्छों की चाल बदल जाती है फिर भियाजी नेता बाद में हैं पहले युवा हैं। जब बनवारी बाबू ने होली के धमाल पर आपत्ति ली तो उन्हें ताव आ गया। उसी दिन नये जूते पहनकर आये थे और महूरत कर देने का मन होने लगा था। लेकिन वे ग़म खा गये, बनवारी काम का आदमी है। पढ़ा-लिखा समझदार है और मौक़े-बेमौक़े बात सँभाल लेता है। फ़िलहाल दूसरा कोई आदमी

नज़र में नहीं है जो इस बेवक़ूफ़ की जगह खड़ा हो सके। इसलिए उन्होंने हँसते हुए अपनी बात रखी—"क्या बनवारी बाबू, आप भी हम पर बन्दिस लगाते फालतू में...ऐं! अरे होली पे होली नहीं खेली जाएगी तो क्या खेला जाएगा? ऐं!"

"आप युवा नेता हैं और आपको यह याद रखना चाहिए कि..."

बनवारी को बीच में ही टोकते हुए वे बोले, "हाँ-हाँ याद है कि युवा हैं और नेतागिरी में लगे हैं। अभी नी खेलेंगे तो कब खेलेंगे? बुढ़ापे में तो वैसेइ होली का मजा नी आता हे। ओर फिर प्रधानमन्त्री या राष्ट्रपति बन गये तो टैम कां मिलेगा? फारेन के लोग-होन से मिलने मेंइ सुबे से साम हो जाएगी।"

भियाजी के वन डे स्योर सक्सेस भविष्य के उल्लेख और होली खेलने के औचित्य को अपनी चाणक्य स्टेण्डर्ड गम्भीरता से रिजेक्ट करते हुए बनवारी ने अपनी बात रखी, "लेकिन मैं आपकी छबि के बारे में सोच रहा हूँ। राजनीति कहती है कि नेता अकेले में चाहे जो करे, पर उसे जनता के सामने अपनी छबि उज्ज्वल बनाकर रखनी चाहिए। और फिर आजकल पार्टी में बहुत से गुट हो गये हैं। हाईकमान के सामने भी एक अच्छी छबि प्रस्तुत करनी ज़रूरी है हमारे लिए।"

भियाजी को समझ में नहीं आया कि होली में हाईकमान कहाँ से आ गया। अगर हाईकमान शहर का कोई दुकानदार या व्यापारी होता, या किसी कॉलिज का प्रोफेसर-वोफेसर होता या फिर पत्रकार-वत्रकार भी होता तो होली के डूँड़ के साथ बाँधकर जला देते साले को। पर दिक़्क़त ये है कि पार्टी हाईकमान कहीं नहीं होता पर सब जगह होता है। जब से गुटबाजी हुई है यह संकट और बढ़ा है। काश कि कोई हनुमान चालीसा होती हाईकमान संकट से बचने के लिए! बात की गम्भीरता का अनुमान लगाते हुए उन्होंने पूछा, "बनवारी बाबू, राजनीति की बात तो बाद में करेंगे पहले ये बताओ कि होली खेलने में छबि का क्या है? आधा दिन जमके रंग खेलेंगे, बस।"

"केसरिया रंग से खेलेंगे क्या?" बनवारी ने पूछा।

"हाँ-हाँ, केसरिया रंग भी डालेंगे, अच्छा लगता है।"

"फिर आपकी सेकुलर छबि का क्या होगा? जब आप ही केसरिया रंग उछालेंगे तो साम्प्रदायिक शक्तियों को बल नहीं मिलेगा? दूसरे गुटवालों ने अगर ये बात ऊपर पहुँचा दी तो आपको अल्पसंख्यक विरोधी मान लिया जाएगा। और अगर ऐसा हुआ तो फिर हो चुकी राजनीति इस देश में। देखते रहिए प्रधानमन्त्री बनने का सपना।" बनवारी ने अपनी राजनीतिक पकड़ बतायी।

भियाजी को बात में कुछ दम तो लगा लेकिन पूरी तरह आश्वस्त नहीं हुए, "हमें तो बात कुछ समझ में नहीं आ रही हे, बनवारी बाबू। सेकुलर तो हम हें ही। पिछली दफे आपके केहने सेइ अछूत मोहल्ले में दो जगे पानी माँग के पी लिया था और एक गन्दे बच्चे को उठा के चुम्मा भी ले लिया था। वेसे तो हमारा इरादा लेडिज

लोगों से होली खेलने का था, पर आप कहे रए हो तो थोड़ी देर हिन्दू-मुसलमान लोगों से भी खेल लेंगे। फोटू-ओटू भी खिंचवा लेंगे। फिर तो आपको कोई सिकायत नी रेगी ना?"

"लेकिन सवाल तो रंगों का है। इन दिनों की राजनीति में रंगों को सबसे अधिक महत्त्व दिया जा रहा है। केसरिया और हरा दोनों रंग हमारे लिए जोखिम भरे हैं। धर्मनिरपेक्ष दिखने के लिए बहुत ज़रूरी है कि नेता इन रंगों से दूर रहे।" बनवारी ने अपनी गम्भीरता कम नहीं की।

"तो जाने दो, हम इन दोनों रंगों से होली नहीं खेलेंगे...।" भियाजी ने कुछ देर सोचकर समाधान निकालना चाहा।

"अगर दूसरों ने आप पर ये रंग डाल दिया तो? मान लो अपनी पार्टी के विरोधी गुट ने आप पर केसरिया रंग डाल दिया, फिर...? अगले दिन अख़बारवाले लिख देंगे कि भियाजी ने होली के अवसर पर केसरिया रंग को प्राथमिकता दी और दल बदलने का प्रभावशाली संकेत दिया। राजनीति में एक क़दम आगे बढ़ाने से पहले चार क़दम फूँक मारना ज़रूरी है।" अपना रंग जमाने के लिए बनवारी ने ख़तरे को गहरा किया।

"एसा हे तो कोई ज़रूरी नइ हे कि होली हरे-पीले से खेली जाए। हम लाल से खेलेंगे। इसमें तो नी हे ना छबि-अबि का चक्कर?" अपने इरादों पर अटल रहते हुए भियाजी ने पूछा।

"कम्युनिस्ट इस देश में कभी प्रधानमन्त्री के पद तक पहुँच ही नहीं सकते। फिर विश्व राजनीति में लाल रंग की जो ढह जानेवाली छबि अभी बनी है वैसी पहले कभी नहीं रही। जो रंग गोर्बाचोव को शिखर से उतार लाया हो आप उस रंग के सहारे ऊपर जाने की सोच भी कैसे सकते हैं? और फिर अपने यहाँ इस समय तो आतंकवादी राजनीति का स्वर्णयुग चल रहा है। लाल रंग हत्याओं, बलात्कारों, साम्प्रदायिक व जातीय संघर्षों का प्रतीक बन गया है। अच्छा हो आप अपने माथे पर वामपन्थी लाल गुलाल नहीं लगवाएँ, वरना लोकतन्त्र है जनता ना जाने क्या सोच ले, कुछ कहा नहीं जा सकता।" बनवारी ने विद्वानों की-सी मुद्रा बनाते हुए कहा।

"सोचती हे तो सोच ले, क्या कर लेगी जनता? वोट काई सवाल हे ना? लाठी-जूते खाएँगे तो अपने आप दे देंगे। ओर नी तो बूथ केपचर कर लेंगे। युवानेता हें, कोई सीदे-समजदार आदमी नईं। हमें तो टेढ़ी उँगली सेइ घी निकालने की आदत हे। वो तो तुमारे जेसे लोगों के केने से छबि-अबि के चक्कर में उँगली सीदी कर लेते हें, थोड़ी देर के लिए। हम तो खेलेंगे होली।" भियाजी ने ओरिजनल होते हुए साफ़ बात की।

बनवारी बाबू आख़िर सलाहकार थे। अगर युवानेता ऐसे ही उनकी सलाह के

बिना काम करने लगे तो वे एक दिन अप्रासंगिक हो जाएँगे। सो उन्होंने समझौतावादी सलाह दी, "मैंने कब कहा कि आप होली खेलिए ही मत। रंगों और छबि का ही सवाल तो है। आप तीनों रंगों से एक साथ खेलिए और राष्ट्र की मुख्य धारा के साथ रहिए और राष्ट्रवादी भी बन जाइए। राजनीति भी आज यही कह रही है।"

अब भियाजी हावी होने लगे थे–"तीन ही क्यों? देश की राजनीति का जितने भी रंगों से सम्बन्ध है हम उन सबसे खेलेंगे। हर आदमी को लगना चाहिए कि भियाजी हमारे रंग के हैं। रंग तो सारे जनता के होते हैं, नेता का कोई रंग नी होता। अच्छा नेता वोई होता हे जो मोका ओर टैम देख के अपना रंग बदल लेता हे।"

"भियाजी, क्या आप नेता को गिरगिट कह रहे हैं?" बनवारी ने डरते हुए पूछा।

"गिरगिट!!...गिरगिट की कितनी टाँग होती हे?"

"चार।"

"हाँ, लेकिन नेता की छे टाँगें होती हैं। नेता का आगा-पीछा सब कुर्सी से जुड़ा होता हे। नेता ओर कुर्सी अलग-अलग चीज़ें नी हैं, दोनों मिलके एक चीज़ हें। इसलिए चार टाँग कुर्सी की ओर दो उसकी, सब मिलाके छे हुई कि नी?...तो होली पे धमाल होएगी, समजे ना!" भियाजी ने रंग बदलते हुए हिदायती स्वर में कहा, "ओर बनवारी बाबू, घर में भाभी जी को के देना कि इस बार में आ रिया हूँ सेकुलर होली खेलने। भूलना मत।"

इतना सुनकर बनवारी छह टाँगोंवाले गिरगिट के सामने रंगहीन होकर सफ़ेद पड़ गये और चुपचाप अपनी दो टाँगों के साथ किनारे खिसक गये।

व्यवस्था की थाली और थाली की व्यवस्था

शादी-ब्याह के मौक़ों पर पाँच बरतनों के साथ थालियाँ देने का चलन बहुत पुराना है। मेरे घर में भी ये आदरणीय थालियाँ मौजूद हैं जिन पर मेरा अधिकार 'थ्रू प्रापर चैनल' बनता है। अगर कोई इकलौती अबला थाली किसी फक्कड़ मिज़ाज़ कुँवारे के हाथ पड़ जाए तो वह उससे प्रतिदिन अनेक काम लेने से नहीं चूकेगा। अकेली थाली है इसलिए उसे वह रोज़ जूठी करेगा। बोर होने पर ढपली की तरह बजाएगा, ठिलुए यारों की ख़ातिर में उसे ट्रे की तरह इस्तेमाल करेगा, ज़मीन पर गिराकर आवाज़ पैदा करेगा जिससे पड़ोसन को उसके दिल का हाल मालूम हो, माशूक़ा का 'श्रद्धेय बाप' सामने हो तो इम्प्रेशन मारने के लिए इसी थाली में कपूर रखकर भगवान की आरती उतारेगा। थाली को कभी प्रहार बनाएगा तो कभी अपनी ढाल। इच्छा होगी वैसे वापरेगा, नहीं तो उसमें छेद करके रख देगा। मर्द मर्ज़ी का होता है, एक छेद करे या छेद-छेदकर चलनी बना दे। थाली की क़िस्मत और औरत का भाग्य कभी-कभी कितना मिलता-जुलता है? शायद यही कारण है कि महिलाएँ प्रायः थालियों से मोह रखती हैं। शादी के साथ लायी थालियाँ उनकी प्रिय सखियाँ होती हैं।

एक दिन की बात है। दाल गरम थी। हमने कहा—लाओ वो थाली उठा दो, उसमें कूड़ लेते हैं ताकि ठण्डी हो जाए। लेकिन मुँह बनाकर उन्होंने दूसरी प्लेट सरकाते हुए आपत्ति की, "उसमें दाल ठण्डी करोगे? मालूम नहीं क्या कि वो शादी की थालियाँ हैं! सिर्फ़ दाल-वाल के लिए नहीं निकालूँगी मैं। लड्डू-बाफसे भी हों तो बात और है वरना ये ख़ास मौक़ों पर ही निकाली जाएँगी।"

"ये कौन-सी बात हुई? दाल की इज़्ज़त करो ना करो, पर पति क्या एक थाली से भी गया-गुजरा हो गया?" हमारा मिज़ाज भी गरमा गया।

"थाली में खाने से दाल खीर तो नहीं हो जाएगी, प्लेट दे तो रही हूँ इसमें खा लो।" दाल और खीर के माध्यम से उन्होंने हमारी विवशता और अपनी महत्त्वाकांक्षा का अन्तर स्पष्ट किया।

"लेकिन मैं वो थाली ही चाहता हूँ।" हम अपने दरकते मान की रक्षा में अड़े।

लेकिन वे नहीं मानीं, अड़ जाने में प्रायः स्त्रियों का कोई जवाब नहीं होता। बोलीं, "सिर्फ़ दाल के लिए मैं अपनी थाली नहीं निकालूँगी। आप अपनी प्रतिष्ठा

रो रहे हो, थाली का मान नहीं देखते। इतनी बढ़िया थाली में सिर्फ़ दाल अच्छी लगेगी क्या? ऐसे में कहीं कोई आ गया तो..." थाली और स्वयं को हमसे बहुत ऊँचे स्थापित करने का प्रयास।

"आज तुम साफ़-साफ़ बता दो कि तुम मुझमें और थाली में से किसे अधिक महत्त्व देती हो?" फैसले की मुद्रा में हमने कहा।

"थाली मैं ख़ुद लायी थी, अपनी पसन्द से..." वाक्य उन्होंने अधूरा छोड़ दिया।

"और मैं!! मैं क्या...!"

"तुम मेरी माँ की पसन्द हो।" टका-सा जवाब।

"यानी मैं तुम्हारी माँ का दामाद नहीं, ख़रीदा हुआ बरतन हूँ?" गुस्सा आया, लेकिन बेचारगी बनी रही।

"मैंने तो सिर्फ़ पसन्द की बात कही है। नये और पुराने लोगों की पसन्द में अन्तर तो होता ही है। बिना बात ज़िद कर रहे हो, जब अपन दाल ही खा रहे हैं तो...।" दाल को शस्त्र बनाकर उन्होंने फिर आक्रमण किया।

"दाल...दाल रट रही हो। दाल का भाव मालूम है? दाल सस्ती आ रही है क्या? तुम्हारी थाली की क़ीमत डेढ़ किलो दाल से कम ही होगी, समझीं।" ज़ोरदार तरीक़े से हमने कहा और सोचा कि बहस फतह कर ली।

हमारी मुँहज़ोरी को उन्होंने गम्भीरता से लिया और साड़ी के साथ कमर को कसते हुए बोलीं, "जानती हूँ दाल की क़ीमत भी। छटाँक भर दाल में जब सेर भर पानी डालकर उबालो तो वह 'जनता-दाल' हो जाती है और कभी इधर बहती है कभी उधर। मेरी थाली में अकेली दाल को कोई आरक्षण नहीं मिलेगा, समझे।"

"तुम इस समय ससुराल में हो, यहाँ अल्पसंख्यक हो। मैं अपनी माँ-बहनों के साथ बहुसंख्यक हूँ। तुम्हें हमारी भावना का आदर करना चाहिए। अपनी थाली दे दो, क्योंकि वैसे भी तुम उसका उपयोग नहीं कर रही हो।" हमने अपनी राजनीतिक समझ बतायी।

"मैं अपनी थाली नहीं दूँगी।" वे लक्ष्मीबाई के 'मैं अपनी झाँसी नहीं दूँगी' स्टाइल में हाथ उठाकर बोलीं।

"थाली में खाना मेरा जन्मसिद्ध अधिकार है।" हमने भी उसी फोर्स से उत्तर दिया।

"तो लगाते रहो नारे, थाली नहीं मिलेगी।" अन्तिम फैसले के रूप में उन्होंने बात समाप्त करना चाही।

"मैं कारसेवा करके ख़ुद अपने हाथ से ले लूँगा। तब क्या कर लोगी?" अकड़ते हुए हम उठे।

"शान्त हो जाओ।" अचानक उन्होंने रुख़ बदला। "देखो, दाल ठण्डी हो चुकी

है। आराम से खाओ और अपने काम पर जाओ। भूल गये पण्डित की बात, हमें अभी शनी की दशा चल रही है। इसलिए तीन साल तक हमें कोई विवाद नहीं करना चाहिए।"

मैंने देखा, दाल सचमुच ठण्डी हो चली थी। मेरे घर में मेरी ही दाल बिना उचित सम्मान पाये ठण्डी हो गयी। मन हो रहा है कि फिर एक बार चूल्हे पर चढ़ाकर तेज़ उबाल दूँ। किन्तु डर है कि जल गयी तो किसी काम की नहीं रहेगी। सोचता हूँ कि अब की बार मौक़ा मिला तो दाल गले या न गले, पहला उबाल आते ही थाली में कूड़ लूँगा।

अभी दफ़्तर पहुँचा ही था कि साहब ने तलब किया। आँखें निकालते हुए बोले, "जिस थाली में खाते हो उसी में छेद करते हो, शर्म आनी चाहिए।"

मैं समझा नहीं, दफ़्तर में मेरे पास कोई थाली नहीं थी। जो आदमी व्यवस्था के बाहर होता है उसके पास थाली नहीं होती है। कुछ लोग स्वयं थाली पर आसन साधे भोग लगाते रहते हैं और सोचते हैं कि सब यही कर रहे हैं। फिर भी पूछा, "सर, मैंने क्या किया? मैं तो सिस्टम के बाहर हूँ।"

"जिस सिस्टम में रहकर वेतन लेते हो उसके बाहर कैसे हो सकते हो! ऐसे में सिस्टम की आलोचना करना, थाली में छेद करना ही है।" मुँह बनाते हुए वे गुर्राये।

दरअसल, पिछले दिनों दफ़्तर की भ्रष्ट कार्यशैली पर दर्ज हमारे विरोध से वे नाखुश थे। बावजूद उनके गुस्से के हमने कहा, "सर, वेतन तो सबको मिलता है, लेकिन थाली तो अलग चीज़ है। थाली सबके पास कहाँ होती है? वर्षों हो जाते हैं पुराने लोग अपनी थाली पर से उठते ही नहीं हैं। खाना-पाखाना साथ चलता है। थालीवालों ने सारा वातावरण गन्दा कर रखा है।"

"तो क्या? थाली आज जीवन की सबसे बड़ी ज़रूरत है। तुम चोंच से चुगनेवालों को थाली की तमीज़ का ज्ञान ही क्या? अपनी औकात में रहो, समझ गये।" भिनभिनाते हुए वे पुनः थालीदारी में लग गये। और मैं सोचता हूँ कि मुझे 'व्यवस्था की थाली' बेशक नहीं चाहिए लेकिन घर में 'थाली की व्यवस्था' ज़रूरी है। पता नहीं शायद व्यवस्था की थाली से ही थाली की व्यवस्था होती हो!

जूते, जन्ता और डेमोक्रेसी

पिछले चुनावों में देश को अनेक लोकतान्त्रिक प्रसाद प्राप्त हुए हैं। ऐसे लोग भारत को महान् बनाने आगे आये हैं जिनका नाम सुनकर पचास-पचास कोस दूर तक जब बच्चा रोता है तो माँ कहती है, सो जा, सो जा नहीं तो 'नेताजी' आ जाएँगे। ऐसे ही एक नेताजी, जिन्हें भियाजी नाम से जाना जाता है, अभी उपचुनाव में अपने जौहर दिखाकर लौटे हैं। देश की सारी समस्याओं का हल इनके जूतों में है। पढ़ना-लिखना नहीं जानते हैं परन्तु जूतों के प्रयोग से इन्होंने ग्रेजुएटी हासिल कर ली है, सो बी.ए. पास भी हैं। कई अधिकारियों को बात-बेबात सार्वजनिक रूप से जूते लगा-लगाकर वे एक क़ाबिल नेता बन गये हैं। अब उनका इरादा संसद में जाने का है। कारण यह है कि कोई भी गड़बड़ करेगा तो उसे ये पाँच जूते मार के ठीक कर देंगे। राजनीति में इनके आदर्श कुछ लल्लू, कुछ चौटाला और कुछ देवी भजन क़िस्म के 'लाल' प्रमुख हैं। निश्चित ही पिछले जन्म के कर्मों के प्रताप से हमें उनसे बात करने का सुयोग मिला है।

"भियाजी, कृपया यह बताइए कि आपने राजनीति कहाँ से सीखी?" हमने उन्हें राजनीतिज्ञ मानकर ही बात शुरू की।

एक मँजे हुए शातिर नेता की तरह पहले वे मुस्कराये, फिर बिना गरदन ऊँची किये केवल पलकें उठाकर छत की ओर देखा, लगा जैसे कुछ सोच रहे हों। फिर अपनी जवान दाढ़ी पर तिनका साफ़ करने की तरह हाथ फेरा। उत्तर की प्रतीक्षा में हमें दीदे फाड़े देखकर बोले, "क्या पूछा तुमने?"

हमने अपना प्रश्न दोहराया और उन्होंने अपनी मुद्राएँ। बोले, "सच बात तो ये हे कि राजनीति हम्ने बाहर कंई से नी सीखी। घर का माहोल एसा था कि धीरे-धीरे अपने आप गियान हो गया।"

"घर के माहौल से आपका मतलब? क्या आपके पिता-दादा जी जेल वगैरह गये थे, स्वतन्त्रता संग्राम सेनानी थे?" हमने बात साफ़ करने की कोशिश की।

"हाँ, जेल तो भोत बार गये, पर वो क्या के रए थे तुम, वो सेनानी-वेनानी नई थे। घर में हम ढेर सारे भाई-भेन रेते थे, हमेसाई लड़ाई-झगड़ा चलता रेता था। बचपने सेई एक-दूसरे की टाँग खींचना, लात मारना, सब आता था। बड़े हुए तो राजनीति करने लग गये।" बचपन से ही अपने प्रतिभाशाली होने के गर्व के साथ उन्होंने सीना फुलाकर बताया।

"घर में लात चलाना और बात थी, पर राजनीति में बात कुछ और है।" उनके गर्व को निरस्त करते हुए हमने पूछा।

"हाँ, जमाना तो बदल गया है पर राजनीति में सब चलता हे। जेसे, जो हमारा दोस्त हे वो हमारा दुस्मन बी हे, ओर जो हमारा दुस्मन हे वो हमारा दोस्त बी हे।" उन्होंने चाणक्य के राजनीतिक सूत्र की तरह अपना ज्ञान झाड़ा।

"इसका मतलब ये हुआ भियाजी कि आपका कोई दोस्त नहीं है और आप भी किसी के दोस्त नहीं हैं?"

"नंई एसा नंई है। राजनीति में दोस्ती ओर दुस्मनी अलग तरे की होती हे। आजकल समरथन ओर तालमेल के साथ चलना पड़ता हे। जो साथ दे उस टेम पे वो दोस्त ओर जो साथ नी दे वो उस टेम पे दुस्मन।"

कहते हैं कि राजनीति में कुछ भी हो सकता है। नेताओं की मर्ज़ी और मूड जो करने का हो वह सब राजनीति है। नौकरी माँगने आयी औरत से विधायक-कक्ष में बलात्कार कर लेना और ईमानदार अधिकारी को उठाकर दूर-दराज के इलाके में सड़ने के लिए फेंक देना आज की व्यावहारिक राजनीति का एक हिस्सा है। इस बात को ध्यान में रखते हुए हमने उनसे पूछा, "भियाजी, आपका राजनीति करने का उद्देश्य क्या है?"

"उप्प्रधान मन्तरी बनना।" दाँतों से नाख़ून काटते हुए उन्होंने कहा।

"उप-प्रधान मन्त्री ही क्यों? प्रधान मन्त्री क्यों नहीं?" हम चकित थे क्योंकि हाल की राजनीतिक चेतना में उप-प्रधानमन्त्री होना एक प्रकार की नालायकियत की प्रतिष्ठा पा चुका है। कुछ लोग तो गाली देने के लिए असंसदीय शब्दों के स्थान पर केवल 'उप प्रधान मन्त्री कहीं के' कहकर काम चलाने लगे हैं।

शायद वे इस प्रश्न का उत्तर पहले किसी को दे चुके थे सो फौरन बोले, "सीदी सी बात हे, आदमी वोई आगे बड़ सकता हे जो फायदा पेले देखे ओर काम पीछे करे। उप्प्रधान मन्तरी को 'फेसेलेटी' तो वो की वोई मिलती हे, पर काम का झंझट प्रधान मन्तरी के उपर होता है। इस तरां उप्प्रधान मन्तरी को टेम भोत मिल जाता है राजनीति करने के लिए।"

"राजनीति तो आप प्रधानमन्त्री बनकर भी कर सकते हैं।" हमने फिर प्रश्न रख दिया।

"क्या बेकूफ जेसा बात करें हो। जब हमीं प्रधान मन्तरी बन जाएँगे तो सरकार किसकी गिराएँगे, ओर सरकार नी गिरी तो राजनीति करने का मतलब?" हमारी मूर्खता पर आपत्ति करते हुए वे ज़रा ज़ोर से बोले। फिर अपनी चिढ़ छुपाते हुए उन्होंने अपनी नाक के एक छेद में अँगुली डाली और हिला-हिलाकर वहाँ कुछ खोजने लगे।

"लेकिन भियाजी, सरकार उप-प्रधानमन्त्री की भी होती है। यदि वह सरकार

गिराएगा तो उसे भी जाना पड़ेगा।" उनके बेफ़िक्र चिन्तन में ब्रेक लगाने के उद्देश्य से हमने शंका की।

"कां रेते हो यार तुम, एं! एक अच्छा उप्प्रधान मन्तरी कबी नी जाता हे। एक सरकार गिरा के वो दूसरी सरकार का उप्प्रधान मन्तरी बन जाता हे।" नाम के दूसरे छेद में उन्हें कुछ सफलता मिली और प्रभावित करनेवाला उत्खनन कार्य आरम्भ हुआ।

"बार-बार सरकार गिराना शायद वोटरों को पसन्द नहीं आए।" थोड़ा डराने के लिए हमने कहा।

"भोटर !! भोटर का कोई मतलबी नी हे 'डेमोकेसी' में। असल चीज़ हे नेता। वो परभावसाली होना चिये। अपने यां जन्ता उसी को भोट देती हे जो भोट लेना जान्ता हो। पड़े-लिखे इमानदार टाइप आदमी को तो पारटीवाले बी टिकिट नी देते हें।"

"अच्छा, ये बताइए कि पार्टीवाले क्या क़ाबलियत देखकर किसी को अपना उम्मीदवार बनाते हैं?"

"सबी पारटीवाले देखते हें कि आदमी जीतनेवाला होना चिये। खूब दब-दबेवाला होए, जन्ता उससे चमकती होए, ओर उसके काम को जान्ती होए। उसके पास पेसा बी होए, पेलवान लोग होंए...ओर चुनाव के एरिया में उसकी जात के लोग जादा होंएँ।...बस।"

"अगले चुनाव में आप लोकसभा में पहुँच जाएँगे, आपको भरोसा है?" उनके इरादे जानने के लिए पूछा।

"सिरप भरोसा नी, पूरा भरोसा हे। पाँव में जूते हों ओर सामने जन्ता होए तो फिर 'डेमोकेसी' में कोई दिक्कत नी हे। अगले चुनाव में अपनी सीट पक्की हे। अच्छा, भोत हो गया, जब हम उप्प्रधान मन्तरी बन जाएँ तो लेना इण्टरवू।" अपनी ओर से उन्होंने दी-एण्ड करते हुए पुनः नाक में अँगुली डाली और अपने इरादों का उत्खनन करने लगे।

भियाजी आज की राजनीति का नया मॉडल हैं। अब जहाँ किसी भी प्रकार की नीति शेष हो, समझो वहाँ राजनीति नहीं है। राजनीति के बाथरूम में किसी को परिधानों की आवश्यकता नहीं होती। अब सरकार बना लेना और सरकार गिरा देना राजनीति है। मित्र न हों पर अपने स्वार्थ के लिए मित्रवत् सहयोग देना राजनीति है। काम माँगने के लिए उठे हाथों को राम नाम की माला फेरने में लगा देना राजनीति है। अपने जश्न के लिए वोटर को केक की तरह टुकड़े-टुकड़े बाँट लेना राजनीति है। पैर की मोच को भुला देने के लिए अँगुली काट देना राजनीति है। वर्तमान राजनीति जादू की काली चादर है जिसके नीचे आदमी आ जाए तो कुत्ता हो जाता है और कुत्ते को ओढ़ा दो तो साँप बनकर निकलता है।

आओ जमके विवाद करें हिन्द के वासियो!

हिन्दू और मुसलमान हमारे देश की सबसे बड़ी राजनीतिक सुविधा हैं। हिन्दू याने जातियों का एक बण्डल और मुसलमान याने वोट बैंक। जनता का ध्यान अगर किसी समस्या से हटाना हो, या समस्या के बीच आ गये ख़ाली स्थान को भरना हो, कुर्सी तक पहुँचना हो या फिर कुर्सी से किसी को उतारना हो तो देश के हिन्दू-मुसलमान बड़े काम आते हैं। कभी-कभी हमारे सटोरिये भाई भी इस सुविधा का इस्तेमाल कर लेते हैं। लाखों-करोड़ों की जीत-हार होती है। ठीक है कि एक-दो दर्जन लोग मरते भी हैं। लेकिन इससे क्या फ़र्क़ पड़ता है जनसंख्या पीड़ित इस देश को! एक मिनिट में पैंतालीस बच्चे पैदा हो रहे हैं, कुछ हिन्दू कुछ मुसलमान। दंगों के माध्यम से हमारे देश में राजनीति की सम्भावनाएँ अभी बहुत हैं। कम से कम तब तक हमें निराश नहीं होना चाहिए जब तक कि एक मिनिट में साठ की दर से लोग मरने नहीं लगें। हाँ, इस बात का डर तो है कि लोगों में समझ पैदा हो जाए और गाय या सुअर की पूँछ से उन्हें भड़काया नहीं जा सके। लेकिन हमें ईश्वर और अल्लाह दोनों का (यदि दो हों तो) शुक्रिया अदा करना चाहिए कि हमारे देश के बुद्धिजीवी और विद्वान् अधिक बोलते नहीं हैं इस विषय पर, कुछ बोलते हैं तो हमारी प्यारी हिन्दू-मुसलमान जनता उसे सुनती नहीं है। प्रजातन्त्र है जनाब, इसमें जनता का समझदार हो जाना नेताजनों का सबसे बड़ा संकट हो सकता है। जनता की अज्ञानता उनके जीवन से भी अधिक मूल्यवान होती है।

प्रिय पाठक, यदि आप जनता हैं (जो कि हैं, क्योंकि नेता पाठक नहीं, ख़बर होता है) तो निराश न हों कि आपको इस्तेमाल किया जा रहा है। जनता पान की तरह चबाकर थूकने की चीज़ नहीं है। डस्टबिन की तरह लम्बे समय तक इसका उपयोग किया जा सकता है। हमारा इतना महत्त्व क्या कम है कि जब भी कमरे में (भले ही पाँच साल में एक बार) झाड़ देनी हो, सारे कामगारों को इस डस्टबिन की ओर हाथ बढ़ाना पड़ता है। ऐसा नहीं है कि हमारा केवल उपयोग ही होता है और हमारे जीवन का कोई मूल्य नहीं है। गैस काण्ड हो और यदि आप धीरे-धीरे याने किश्तों में मर रहे हों तो मुआवजे की किश्तें हाजिर हैं, सरकारी ठेके की दारू पियो और मर जाओ तो पाँच हज़ार रुपये, बस या रेल दुर्घटनाओं में मरो तो दस हज़ार फ़ौरन लाश की मुट्ठी में, टाँग तुड़ाओ तो एक हज़ार, दंगों में मरो तो नगद

सात हज़ार, शरीफ़ आदमी हो और किसी गुण्डे के चाकू से मर रहे हो तो 'सस्ता सरकारी इलाज' एकदम मुफ़्त (डॉक्टर हड़ताल पर हों तो आपका दुर्भाग्य), अनाज या घासलेट की लाइन में खड़े-खड़े मरनेवाले को अन्तिम संस्कार के लिए पाँच सौ की सहायता मिलेगी। और क्या चाहिए आपको? वोट देते रहे हो, नेताओं की चुपचाप सुनते रहे हो सो इतना साफ्टकार्नर बहुत है। शास्त्रों में लिखा है कि प्राण निकल जाने के बाद शरीर कोई काम का नहीं रहता, दो कौड़ी का भी नहीं। इतना मिल रहा है सो मेहरबानी समझो, वरना जनता ने देश को दिया क्या है सिवाय जनसंख्या के!

इन दिनों एकता महोत्सव चल रहा है। कावेरी (जल) विवाद से लेकर कश्मीर विवाद तक भारत एक है। यदि कोई कमी दिखाई देती हो तो कुकडेश्वर मस्जिद विवाद जैसे प्रयासों से हम इसे पूरा कर सकते हैं। हर नेता को अपने-अपने तरीक़े से देश की एकता के लिए प्रयास करने का मौलिक अधिकार है। सिर्फ़ एकता से काम नहीं चलेगा, उसमें स्थिरता भी आनी बहुत ज़रूरी है। स्थिरता याने जहाँ जैसा है वैसा ही बना रहे। जैसे पंजाब में वर्षों से स्थिरता बनी हुई है। ये हमारे योग्य प्रशासन और कुशल नेतृत्व का प्रमाण है। दुनिया चाहे गतिशीलता का रोना रोती रहे परन्तु हमारा विश्वास छातीकूट स्थिरता में है और रहेगा। नेतागण चाहते हैं कि उनकी कुर्सी में स्थिरता रहे। चूँकि कुर्सी का अस्तित्व देश के अस्तित्व से जुड़ा हुआ है इसलिए कुर्सीप्रेम के कारण देशप्रेम अनिवार्य हो जाता है। बड़ा नेता कहता है कि देश इस अभूतपूर्व संकट से गुज़र रहा है। संकट तो इससे पहले भी आये थे देश पर, अँग्रेज़ आये, पड़ोसियों ने हमसे युद्ध किये, लेकिन इन दिनों संकट (जो राजनीति का परिणाम है) अभूतपूर्व है। इस गम्भीरता का कारण 'देशप्रेम' के अलावा और क्या हो सकता है!

जनता में कुछ लोग होते हैं जो कुर्सी की ओर देखकर देशप्रेमी होने लगते हैं। शुरू-शुरू में ऐसे लोग गली-मोहल्ले के संगठन मन्त्री बनने के लिए, अपने बैठने के काम आनेवाले अंग का पूरा ज़ोर लगा देते हैं। कुछ को सफलता भी मिलती है। लेकिन लोकतन्त्र के लिए अच्छे नागरिक ऐसे नहीं होते। वे सामान्य किन्तु भिन्न क़िस्म के होते हैं। वे ना कुर्सी की ओर देखते हैं और ना ही देश की ओर। उनका काम होता है अपने नेता का कहा मानना, चौक पर इकट्ठे होकर उसका भाषण सुनना, उसके कहे से जुलूस, रैली या प्रदर्शन का हिस्सा बन जाना, या फिर उसके इशारों पर घरों और बस्तियों को जला देना, देवालयों को तोड़ देना। सभ्यता या संस्कृति के नाम पर सैकड़ों वर्ष पीछे खिसक जाने के लिए तत्पर रहना जनता का देशप्रेम है।

हाथ में चार फ़ुटी तलवार लेकर आज कोई भी राजनीति में अपने करतब दिखा सकता है। अगर नेता नहीं समझाते तो जनता मूर्खतावश सारे देशवासियों को

अपना भाई समझती रहती। अब भाईचारे के परमिट बँट रहे हैं। पिछली पीढ़ी नहीं जानती थी कि हिन्दू और सिख अलग-अलग होते हैं, नयी पीढ़ी को बताया गया और अब वह जानती है। नहीं जानने से जानना ज़्यादा बेहतर है या नहीं? आज हम बेहतर स्थिति में हैं और इसमें स्थिरता आनी चाहिए। भीड़ में यहाँ-वहाँ छुपे विद्वानूनुमा मूर्खों को बता दो कि सालो! कौमें ऐसे ही नहीं बना करतीं, इसमें कड़ा परिश्रम और दूरदृष्टि लगा करती है। अभी हमें बहुत से काम करने हैं, हर जाति को एक कट्टर कौम में बदलना है। काम बड़ा अवश्य है किन्तु असम्भव नहीं।

तो मित्रो, हम इस समय बहुत ही नाजुक और महत्त्वपूर्ण समय से गुज़र रहे हैं। दुनिया भर के लोग हमें देख रहे हैं। कुछ सुधी देशभक्त बड़े परिश्रम से नये-नये विवादों की खेती कर रहे हैं। देश की एकता सिद्ध करने के लिए यह आवश्यक है कि हम सब, जहाँ भी हैं निरन्तर विवादों को जन्म दें। यह सम्भव न हो तो अपना कोई एक मनपसन्द विवाद चुनकर उसे पूर्ण क्षमता से हवा दें। वह दिन दूर नहीं जब हमारे पास इतने विवाद होंगे कि कोई भी बाहरी शक्ति स्वयं को इसमें उलझाना नहीं चाहेगी। देश की रक्षा व्यवस्था का यह हमारा अपना तरीक़ा है। बड़े कठिन अनुभव और परिश्रम से हम यह सिद्धान्त बना पाये हैं कि 'असुरक्षा का हद से ज़्यादा बढ़ जाना सुरक्षा बन जाता है'।

बजट पढ़, बचत कर

"अमर चल, कर भर अमर। डर मत, नगद रख, झटपट चल। सच कह, बहस मत कर। समझ, सर पर सल मत रख। बच मत अमर, कर भर। लड़-झगड़, करज कर, गरज कर, सब कर; मगर कर भर। गम सह, हसरत मत रख। बनठन कर मत रह अमर। अब चल, हठ मत कर, कर भर अमर।..."

मैंने देखा कि स्कूल लगा हुआ है और तमाम नौकरीपेशा बच्चे यह पाठ पढ़ रहे हैं। एक हाथ में छड़ी और दूसरे हाथ में ताज़ा तैयार बजट का पुलिन्दा लिये वित्तमन्त्री बिना मात्रावाला लेसन दे रहे हैं। पिछले साल और उसके पिछले साल भी, लगभग हर साल ही 'वित्त मास्टर' इस वर्ग के छात्रों को बिना मात्रावाला पाठ ही पढ़ाते रहे हैं। आख़िर मैंने पूछ ही लिया–"सर हम लोगों को ये पाठ याद हो गया है। अब तो एकाध मात्रा सिखा देते!" वे बोले, "नटखट हरकत मत कर। बजट पढ़, बचत कर।"

दरअसल वित्तमन्त्री का सोचना है कि गिनती की आय पानेवालों के पास 'अधिक मात्रा' होती कहाँ है। जब मात्रा कम हैं तो उन्हें हर काम बिना मात्रा के ही करना होगा ना? मात्राएँ जिनके नसीब में होती हैं वे ही उसका प्रयोग करते हैं। सामान्य आदमी का काम तो बिना मात्रा के चल ही रहा है। उसे चाहिए क्या–एक घर, वस्त्र, अन्न व जल। अधिक मात्राएँ जटिलता पैदा करती हैं। चीज़ें सरल होनी चाहिए, जो कि हैं। हमने दिया, हमने लिया, तुमने क्या किया? फिर भी एक अच्छे नागरिक की प्रतिष्ठा तुम्हें मिली बिलकुल मुफ़्त। टेक्स पेयर हो, जमानतें दो। तुम्हारी न हो पर तुम्हारे हस्ताक्षर की क़ीमत तो हो ही गयी। ये भी नहीं होती तो क्या कर लेते तुम! मात्रा को रो रहे हो, करदाता का सम्मान कुछ नहीं हुआ।

"सर मत पटक, मनन कर।" कहते हुए उन्होंने बजट मेरी ओर फेंका। बचने के लिए जैसे ही मैंने हाथ आगे किये, नींद खुल गयी। देखा रात के बारह बज रहे हैं। अकसर रात के बारह बजे मुझे ऐसे काम्प्लिकेटेड सपने आते रहते हैं। ज्ञानियों ने लक्षण अच्छे नहीं देखे और कर-सलाहकार के पास जाने का सुझाव दिया।

"फ़रवरी से मार्च तक करोंवाले सपने आते हैं साहब, रात के बारह बजे। कुछ कीजिए, बहुत परेशान हूँ।" कर-सलाहकार जी से मैंने कहा।

उन्होंने एक नज़र इनायत की और हमारा हाल-हुलिया ताड़ा। बोले, "इसका

मतलब ये हुआ कि आपको नींद आती है। पहले मुझे उन लोगों को देखना होगा जिन्हें नींद ही नहीं आती है। आप बैठिए।"

एक बड़े शानदार टेबल के साथ आलीशान कुर्सी पर गम्भीर मुद्रा में बैठे कर-सलाहकार साहब किसी वित्तमन्त्री का जवाब लग रहे थे। क्योंकि ऐसी ही टेबल-कुर्सी पर बैठे वित्तमन्त्री बजट बनाते या उसे अन्तिम रूप देते दिखाये जाते हैं। मेरे पास तो बहुत छोटी टेबल है और कुर्सी है ही नहीं, स्टूल नाम की अन्तरिम व्यवस्था से काम चलाना पड़ता है। जाहिर है इसी वजह से मैं वित्तमन्त्री का मुकाबला नहीं कर पाता हूँ और मुझे बिना मात्रावाले डरावने सपने आने लगते हैं। देख रहा हूँ कि किस कुशलता के साथ सलाहकार साहब क़ानून को ऊपरी तौर पर क्षति पहुँचाये बगैर उसका लाभ ले रहे हैं। वैसे तो हमारे यहाँ कानून होते ही हैं सीधे-सरल लोगों के लिए। ताला भी लोग बड़े चोरों से बचने के लिए कहाँ लगाते हैं। तालों और कानूनों से परे होने के लिए आदमी को अपना क़द और काम बड़ा करना पड़ता है।

"देखिए, पहले एक बेसिक चीज़ समझ लीजिए।" सलाहकार जी ने कई दिनों से पूरी नींद न सो सकनेवाले 'नागरिक' से कहा, "हमें यह अच्छी तरह जान लेना चाहिए कि कर है क्या। कर केवल वह राशि है जो हमें सरकार को देनी ही पड़ती है यानी जिसे किसी भी प्रकार से बचाया नहीं जा सकता हो। लेकिन हम केवल इसी सिद्धान्त को सामने रखेंगे तो सरकार को एक पैसा भी नहीं मिलेगा। अच्छा यही है कि हम मामूली-सा कर अवश्य दें, इससे सरकार का मान रह जाता है। जब आप कर दे देते हैं तो आपको लगता है कि अब यह देश आपका है, आगे फिर खाओ-कमाओ।...ठीक है ना? अच्छा, कैसा महसूस कर रहे हैं अब आप?"

नागरिक आधा इंच मुस्कराता है, लेकिन अभी भी वह सलाहकार जी से सन्तुष्ट नहीं है। वह एक बेचारा कमानेवाला, किस-किस से बचाए-छुपाए। जो कमाता है उसका बड़ा हिस्सा अपनी बीवी से छुपाता है, अब बेटे बड़े हो गये हैं सो उनसे भी छुपाना ज़रूरी है। दामाद इन सबसे, यहाँ तक कि सरकार और कानून से भी बड़ा होता है। बिटिया का हाथ उनके हाथ में क्या दिया कि जीवन भर को 'कर-दाता' हो गये। इसलिए उनसे भी छुपाना बहुत ज़रूरी है। सलाहकार जी के सामने बैठे हैं सो इनकी फ़ीस का डर है, इनसे भी छुपा रहे हैं। शेष बचे पर भी कर नहीं बच रहा है, सोचकर नागरिक का मन छोटा होने लगा। बोला, "थोड़ो तो दई दूँगगो, पन आपके पास आने को कुछ तो फायदो होनो चइये कि नी?"

"होगा-होगा, ज़रूर होगा। थोड़ा घाटा दिखा दें! चलेगा?" सलाहकार जी ने टटोला।

"टेक्स बचणों चिये, घाट्टो कंई तम दिव्वालो दिखई दो। टेक्स नी लगे ओर मारे नींद अई जाए, बस।" नागरिक ने हाथ जोड़कर अपने इरादों का खुलासा किया।

"दिवाला तो नहीं निकाल सकते पर दूसरे रास्ते हैं। नौकर पाँच हों तो पन्द्रह बता देते हैं। अख़बार और पत्र-पत्रिकाओं का हज़ार रुपया महीना बता दो। बिजली, टेलीफ़ोन, पेट्रोल और दूसरे तमाम सारे ख़र्चे बता दो। और एकाध लाख का दान कर दो किसी को।" साहब ने टेक्स हाई-वे पर उन्हें दौड़ लगवायी।

"खर्चो तम कित्तो बी बताओ, पन में दान कोनी करूँ। पारटीवाला ओर गुण्डा होन चन्दा भले से लई जावे, पन मन्ने दान तो सवा रुपिया से जादा कदि किया नी।" नागरिक ने अपनी अश्रद्धा प्रकट की।

"भई सचमुच का दान थोड़ी करना है। पाँच रुपये में सौ रुपये दान की रसीद मिल जाएगी। आपको टेक्स 50% लग रहा है। इससे तो अच्छा है कि 5% में दान की रसीद ले लो। पुण्य का पुण्य और बचत की बचत। टेक्स देना केवल हज़ार दो हज़ार। कहिए अब कैसा लग रहा है आपको?"

"भोती अच्छो लग रियो हे साब, आप जैसा पढ़ा-लिखा देस की सेवा कर रिया हो तो निहाल हुई जाएगा हमारा जेसा सीदा-सादा लोग। सब तगारे सल्लाकार बोले, पन में केऊँ तम तो कल्लाकार हो।...अब में जाऊँ साब, अच्छी नींद सोई लूँ? काले आऊँगो।" नागरिक ने प्रसन्न हो हाथ जोड़कर कुर्सी ख़ाली की।

हम अभिभूत-से उनके सामने हाजिर हुए। "हूँ, आपका क्या है? अच्छा, नौकरीपेशा हैं? आपका कुछ नहीं हो सकता। नो चांस।" वे बोले।

"कुछ तो कीजिए सर, वो बहुत सारा काट रहे हैं।" हम निवेदियाये।

"जितना काट रहे हैं उतना कटवा लो भाई। आपके केस में कोई दम नहीं है। क्या पिद्दी और क्या पिद्दी का शोरबा। रही सपनों की बात तो मेरी सलाह है कि आप रात बारह बजे बाद ही सोया कीजिए।...अच्छा, नमस्कार।" कहकर उसने जो गरदन झुकायी तो उठायी ही नहीं। पता नहीं शर्म से झुकायी या शोक से। पर मुझे वित्तमन्त्री का पाठ फिर सुनाई देने लगा—दर-दर, सड़क-सड़क मत भटक, उठ पहल कर, अमर चल, कर भर।

सबके हुए, भारती का कोई नहीं हुआ

"क्या बात है! तबीयत तो ठीक है ना? बड़ी चिन्तित और उदास लग रही हो!! सिर में दर्द है? कहीं चोट-वोट तो नहीं लगी?" कौवे ने भैंस के सिर पर बैठते हुए पूछा। भैंस ने फिर भी आँखें नहीं खोलीं, कौवा समझ गया कि वह सामान्य नहीं है। अपनी पूरी ताकत से वह उसके कान पर जाकर चिल्लाया, "भारती, ओ भारती!"

भैंस ने इस बार गरदन उठायी, सिर हिलाया और बिना आँखें खोले पुनः उसी मुद्रा में समाधि ले ली।

पिछले एक साल से कौवा यहाँ आता रहा है। उसके ज्ञान और समझ-बूझ से प्रभावित हो भारती ने उसे शास्त्री नाम दे दिया था। अब तो वह शास्त्री के नाम से ही प्रसिद्ध है। दूसरे जानवर चाहे जो कहें पर शास्त्री को भी भारती में एक अलग प्रतिभा नज़र आयी और दोनों में प्रगाढ़ मित्रता हो गयी।

भारती को अपनी जन्मभूमि से बहुत प्यार है। वह मानती है कि जो जहाँ जन्म ले वह उसकी जन्मभूमि कही जा सकती है। लेकिन यह कौन-सा न्याय है कि जन्मभूमि केवल मनुष्यों की ही होती है। क्या सिर्फ़ मनुष्य ही पैदा होते हैं और कोई नहीं? भैंस हुई तो क्या सिर्फ़ चरणोंई की होकर रह जाऊँ? भूमि से उसका कोई सम्बन्ध नहीं हुआ? भारत जब चोर-उचक्कों, मिलावटियों, भ्रष्टाचारियों, गुण्डों और लोकल नेताओं तक की पवित्र जन्मभूमि हो सकती है तो फिर एक निःस्वार्थ समाजसेवी भैंस की क्यों नहीं? पीढ़ियाँ निकल गयीं इन जानवरों को दूध पिलाते, पालते-पोसते। आज रासायनिक खाद की थैलियाँ मिलने लगीं तो अवमूल्यन करने लगे। वरना सारी कृषि अर्थव्यवस्था गोबर की मेहरबानी से थी। बड़े मतलबी हैं ये आदम जात, दूध-मलाई के लालच में मल-मूत्र सब साफ़ कर दें और कुछ नहीं मिले तो खाल उतारने से भी नहीं चूकें।

शास्त्री भारती की इस जागरूकता पर फिदा है। आदमियों के ख़िलाफ चेतना, इस समय की आवश्यकता है। लेकिन भारती आदमियों से कुछ ज़्यादा सैद्धान्तिक मतभेद रखती थी। वह हमेशा कहती है कि एक दिन आएगा जब ये आदमी सारे प्राणी-जगत् के विनाश का कारण बन जाएँगे। शास्त्री कौवा होने के कारण भारती से अधिक व्यावहारिक था। श्राद्धपक्ष में उसे पितरों का-सा आदर मिलता था, ख़ूब नमक खाया है आदमियों का, इसलिए वह थोड़ा उदार है। एक दिन समझाने की

गरज से वह बोला, "भारती, सारे आदमी एक-से नहीं होते हैं। तुम भी काली हो और मैं भी काला। पर देखो, तुम्हारी देखभाल करते हैं और मुझे कुछ नहीं कहते! ये उनकी इन्सानियत ही हुई ना?"

"मैं दूसरों की नहीं जानती, लेकिन इतना कह सकती हूँ कि ये लोग मेरी सेवा इसलिए करते हैं क्योंकि मुझसे इन्हें खूब मिलता है।" भारती ने चिढ़ते हुए कहा।

"तुम शहरी भैंस हो, शहर में होते हैं मतलबी और स्वार्थी लोग, लेकिन गाँव में ऐसा नहीं है। इसलिए शहरवालों के कारण तुम सबके लिए एक राय मत बनाओ।" शास्त्री ने तर्क दिया।

"भैंस ग्रामीण या शहरी नहीं होती, भैंस सिर्फ़ भैंस होती है। और हर भैंस को यह अधिकार है कि वह अपनी कौम के विषय में सोचे। आज दुनिया कौमवाद की राह पर चल रही है। भैंस एक कौम है। वह शहर में हो या गाँव में, दुबली हो या मोटी, दूध देती हो या न देती हो, इन बातों से कोई फ़र्क़ नहीं पड़ता।" भारती ने दृढ़तापूर्वक अपना सैद्धान्तिक सोच रखा।

शास्त्री ने अनेक भैंसों को देखा था। खाकर पड़ी रहने वालियों से लगाकर पड़े-पड़े खानेवाली तक, एक से एक आलसी भैंसें। बिना डण्डा खाये अपनी दिशा तक नहीं समझनेवाली मूर्ख भैंसें। लेकिन भारती...ओफ, क्या-क्या सोचती रहती है! इसका दूध पीकर लोग कहीं पागल न हो जाएँ। वह बोला, "भारती, बिना बात तुम बहुत सोचती रहती हो। मन्दिर पास में है, घण्टी की आवाज़ आती ही रहती है, ज़रा भजन-पूजन में ध्यान लगाया करो। ताकि अगले जन्म में... ।"

"बिलकुल नहीं, भैंसें सेकुलर होती हैं याने धर्मनिरपेक्ष।" उसने बीच में ही शास्त्री को टोक दिया।

"अच्छा तो यूँ कहो ना कि काँग्रेसी हो गयी हो।" शास्त्री ने चुटकी ली।

"ख़बरदार जो मुझे काँग्रेसी कहा तो। मोटी हूँ, ज़्यादा खाती हूँ और दिन भर पगुराती रहती हूँ तो इसका मतलब यह नहीं कि तुम मुझे चाहे जो कह दो। तुम्हें नहीं भूलना चाहिए कि भैंसें भले ही काली हों पर उनका चरित्र उजला होता है।" चिढ़ते हुए वह बोली।

"तो फिर धर्मनिरपेक्षता का मतलब?"

भारती जाति, धर्म और सम्प्रदाय जैसी बातों से बहुत ऊपर थी।

बोली, "हम सबको समान आस्था से दूध देती हैं, बिना भेदभाव के आदमी को केवल आदमी मानती हैं। हिन्दू हो या मुसलमान, हमारे लिए वह हमारे दूध के याचक प्राणी से अधिक कुछ नहीं होता। अपने गोबर से हम छूत-अछूत सबका चूल्हा जलाते हैं। मैं तो अपनी कौम से कहूँगी कि 'गर्व से कहो कि हम भैंस हैं'।"

"ये तो ज़्यादती है भारती। इन्सानों के कारण ही देखो, दुनिया कितनी ख़ूबसूरत बनी हुई है।" शास्त्री ने इन्सानों का पक्ष लिया।

"रोज़ के दंगे-फ़साद ख़ूबसूरती है? अछूत ज़िन्दे जलाये जा रहे हैं, ग़रीब अपना तन बेचकर पेट भर रहे हैं। कोई सुबह हत्याओं की ख़बरों के बग़ैर अख़बार निकला है? कोई कुत्ता दूसरे कुत्ते का मांस नहीं खाता है लेकिन देख लेना ये आदमी एक दिन नरमांस खाने लगेंगे। नरक बन जाएगा यह संसार, काश कि ये सब भैंस होते, देश में दूध की नदिया बहतीं,...या फिर कौवे भी होते तो बुरा नहीं था।" भारती अब सचमुच गम्भीर हो गयी थी।

"ठीक है ठीक है, लेकिन भारतभूमि तो गोकुल और वृन्दावन की भूमि है, कृष्ण की छाया थी तुम पर...।"

"हम पर नहीं, सिर्फ़ गायों पर। वे गायों के भगवान थे। भगवान सदा गायों के ही रहे, उन्होंने कभी भैंसों की ओर देखा भी नहीं।"...और भारती उदास होकर एक अछूत मुद्रा में चुपचाप बैठ गयी। उसमें आत्मसम्मान बहुत था। गाँधीवादी होकर भी किन्हीं कारणों से वह काँग्रेसी नहीं कहलाना चाहती थी।

ख़ैर, ये बातें तो पुरानी हैं। पिछले दिनों भारती ख़ुश रहा करती थी, उसके वैचारिक दृष्टिकोण को आकार मिलने लगा था। एक राजनीतिक आधार जिससे वह सहमत हो रही थी। एक विचारधारा जिसमें उनके शोषण को महत्त्व के साथ देखा गया था। एक हरा झण्डा, जिसे देखकर उसे हरे घास के मैदान की-सी उत्तेजना होती थी। इस प्रसंग पर शास्त्री से उसकी चर्चाएँ उसके आत्मविश्वास को बढ़ाती रहीं। लेकिन आज वह इतनी उदास क्यों है? कुछ देर प्रतीक्षा करने के बाद शास्त्री ज़ोर-ज़ोर से चिल्लाने लगा। आख़िर मित्र था, काले ही कालों के काम आते हैं, यह सोचकर भारती ने आँखें खोलीं।

शास्त्री ने पूछा, "क्या बात है भारती? क्या हुआ, तुम्हारी तबीयत तो...?"

"हाँ...ठीक है।"

"पर मुझे तो गड़बड़ लग रही है।"

"वो सामने पुराने अख़बार का टुकड़ा पड़ा है, उसे पढ़ो।" कहकर भारती शून्य में ताकने लगी। शास्त्री तेज़ी से ख़बर पढ़ गया।

"ओह तो ये बात है! जनता दल टूट गया। ये तो शुरू से ही बनता दल टूटता दल रहा है। तुम क्यों इसे गम्भीरता से ले रही हो? ये लोग आदमी नहीं नेता हैं, भाड़ में जाएँ तुम्हें क्या!"

"ऐसा नहीं है शास्त्री, मुझे इनसे बड़ी आशा थी। आज़ादी के बाद पहली बार किसी ने भैंस को यथोचित सम्मान दिया था। राष्ट्रपति भवन के पास अपने साथ रखा। भैंसों का वह प्रिय 'लाल' आज अकेला पड़ गया है।" भारती को रोना आ गया।

"कहीं तू ईलू ईलू के चक्कर में तो नहीं पड़ गयी! अरी बावरी, वो अपनी औरतों के नहीं होते हैं फिर तेरे क्या होंगे। वैसे भी उस एक लाल के अलावा और

कोई है भैंस-प्रेमी?" शास्त्री ने भारती को देवीलाल के प्रभाव से बाहर निकालने की कोशिश की।

"तुमने लालू का नाम नहीं सुना? चरवाहा स्कूल खोल दिया उसने। पहली बार भैंस स्कूल के अहाते में पहुँची है। वरना दूसरे तो भैंस को काले अक्षर के बराबर समझते रहे हैं। लालू के पूरब से लाल के पश्चिम तक एक नया सूरज आने को था, लेकिन बदक़िस्मती कौम की...।" कहकर भारती फिर रुआँसी हो गयी। शास्त्री समझाता रहा कि और जनता दल बन रहे हैं, वी.पी. का है, देवीलाल बना रहे हैं, अजित भी बनाएँगे ही, लालू तो अपने आप में दल हैं। लेकिन उसने आँखें नहीं खोलीं। जाने क्यों भारती को लग रहा है कि अब उसका कोई नहीं होगा।

उज्जेन इज़ ए होली सिटी

"...थेटी फो...थेटी फा...थेटी सिक...थेटी सेव...थेटी ए...थेटी नाईं...फाटी...। ओक्के ...रोलकाल कम्पलिट। जो इश्टूडेण्ट प्रेजेण्ट नई था उनका एपशेण्ट लग गया। बाट, तुम लोगूँ को पता हें के जादा एपशेण्ट नईं रेने का। जादा एपशेण्ट रेगा तो पड़ाई का लाश हो जाएगा। तुमारा पेरेण्ट लोग तुमकूँ इदर कायकूँ भेजता, पड़ने कूँ ना? तो फेर एपशेण्ट कायकूँ रेता?" मिस ने कक्षा में अनुपस्थित बच्चों के लिए उपस्थित बच्चों को डाँट लगायी और 'काल करे सो आज कर, आज करे सो अब,' सिद्धान्त का पालन किया। इसके साथ ही मेनी सेण्ट स्कूल (अँग्रेज़ी माध्यम) की कक्षा आठ का पहला पीरियड शुरू हुआ।

रजिस्टर बन्द करते हुए उन्होंने अपना 'लेसन' ज़ारी रखा, "तुम लोगूँ को मालूम हे ना कि अबके बारी जालदी एक्ज़ाम होने का।...कितना बारी बताया तुम लोगूँ को पन तुम शिरीयशली शुनताई नई हें। आगे शे एपशेण्ट नई रेने का, डेली आने का, बार्रोबर पड़ाई करने का, आच्छा रिजल्ट लाने का, ओर आग्गे का क्लाश में जाने का। सामजा?"

"येस मिस" बच्चों का एक स्वर गूँजा।

"मिस अबकी बार एक्ज़ाम जल्दी क्यों हो रही है?" मिस के पास ट्यूशन पढ़ने जाना तय कर चुके राजेन्द्र ने पूछा।

"गुड कोश्चन राजू" मिस ने राजेन्द्र को प्रोत्साहित करते हुए प्यार से देखा, और फिर सबसे सवाल किया, "तुमकूँ मालूम हे अपना शिटी का नाम?...हेण्ड्स अप प्लीज़,... (कुछ बच्चे हाथ ऊँचा करते हैं)..वेल-वेल, भोत शारा बच्चों को मालूम हे, बाट भोत शारा बच्चों नाई मालूम। घर पे पड़ने का, भोत ध्यान देने का, नई तो फेल होने का, सामजे?...जब क्लाश में नई आएगा तो शिटी के बारा में कइशे मालूम होएगा।...पिछली बारी एक एशे लिखवाया था वो तुमकूँ याद हे के नाई 'माई ग्रेट शिटी'...चालो चालो जालदी बोलो...(कुछ आवाज़ें आती हैं–याद है मेम)...वेल सेड, उसमें कोन शा शिटी का नाम हें? येश बोलो जालदी!"

"इन्दौर।" राजेन्द्र ने उत्तर दिया।

"वेरी गुड आन्शर राजू,...येश ग्रेट शिटी इन्दौर। इशी के बाजू में एक शिटी ओर हे उशको उज्जेन केते हें।...उज्जेन इज़ ए होली शिटी। रिपीट सेवन टाइम।"

"उज्जेन इज़ ए होली सिटी...उज्जेन इज़ ए होली सिटी...उज्जेन इज़ ए...।" बच्चे वाक्य को दोहराते हैं लेकिन उनका ध्यान वाक्य पर कम, गिनती पर अधिक होता है।

"वेरी गुड, आब शब लोगूँ को उज्जेन के बारा में मालूम हो गया। कब्बी बी कोई पूछे तो ठीक शे बताना कि उज्जेन इज़ ए होली शिटी। ओक्के?"

"येस मेम" बच्चे एक स्वर हुए।

"तो उज्जेन में कुम्ब हे इशलिए शब बच्चा लोगूँ को जालदी फिरी करने करने का, येई वाश्ते जालदी एक्ज़ाम होने का, सामजा?"

"मेम, ये कुम्ब क्या होता है?" इस बार दूसरे विद्यार्थी ने पूछ लिया, जिसे ट्यूशन कतई नहीं जाना है।

"ये कोश्चन अपना मम्मी-पापा लोगूँ से कायकूँ नई पूछता तुम, आएँ?" थोड़ा चिढ़ते हुए मिस बोलीं।

"उनको टाइम नहीं मिलता मेम, थोड़ा-सा मिलता है तो वे मैथ्स के प्राबलम्स चैक करने में ख़त्म हो जाता है। आप बताइए ना प्लीज।" छात्र ने निवेदन किया।

"ओक्के-ओक्के, ओर किशी को मालूम हे, किशी ने पूछा अपना पेरेण्ट लोगूँ शे?" मिस ने एक सामान्य प्रश्न फेंका।

"नहीं पूछा मेम, मम्मी-पापा लोग फालतू बात करने को मना करते हैं।" राजेन्द्र ने कहा और अन्य सभी ने सहमति का स्वर दिया।

"कोई बात नई, मय बताती हूँ। कुम्ब भोत बड़ा तेवहार हे। जेसा दिवाली होता, जेशा होली होता वेशाई।"

"मेम, होली-दिवाली तो सब मनाते हैं। पर ये कैसा त्योहार है जो सिर्फ़ उज्जेनवाले ही मनाते हैं?" राजेन्द्र ने पूछा।

"रिएली गुड कोश्चन, एक्चवली कुम्ब न्हाने का तेवहार हे। यू नो उज्जेन इज़ ए होली शिटी। उदर कूँ एक भोत बड़ा नद्दी हे, उश में न्हाते शब लोग। नद्दी तो इन्दोर में बी हे पन अपन लोगूँ ने उशमें गटर ओर ड्रेनेज का पानी डालके उशका 'यूज' कर लिया हे। तो उदर उनकी नद्दी में न्हाने के वाश्ते भोत बड़ा-बड़ा शेण्ट लोग आता हे।...यू नो शेण्ट? शेण्ट लोगूँ को देखा के नाई देखा?" मिस ने बच्चों को जाँचते हुए पूछा।

वैसे तो बच्चे जानते थे परन्तु उन्हें अपनी समझ पर शंका बनी हुई थी, "आप ही बताइए ना मेम!"

"एशा बड़ा-बड़ा दाड़ीवाला, एकदाम उग्गाड़ा रेनेवाला..."

"एकदम उघड़ा मेम?" राजेन्द्र ने प्रश्न करने के अपने विशेषाधिकार का प्रयोग करते हुए बीच में ही पूछा।

"एकदाम नई, थोड़ा शा लंगोटी पेन्ता हे।"

"ये लंगोटी क्या होता है मेम?" राजेन्द्र ने फिर पूछा।

"ये एक तरां का छोटा ड्रेश होता हे राजू, शेन्ट लोगूँ का ड्रेश।"

"पर मेम, ड्रेस तो बड़ी होती है, फिर सेण्ट लोग की ड्रेस इतनी छोटी क्यों होती है?"

"बिकाज इण्डिया इज़ ए पुअर कण्ट्री,...रिपीट सेवन टाइम।"

सारे बच्चे एक स्वर में "इण्डिया इज़ ए पुअर कण्ट्री" का गान करते हैं।

"वे...री वेल, ...तुमारा पेरेण्ट लोग बड़ा-बड़ा इण्डस्ट्री चलाता, बड़ा-बड़ा नोकरी करता ओर पता नई कइशा-कइशा करके ख़ूब शारा मनी लाता, फिर तूमकूँ इदर पड़ने को भेजता, अग्गर वो अइशा नई करता तो तुम बी ग़रीब रेता ओर आगे जाके शेण्ट जेशा बन जाता, शिरप लंगोटी पेन्ता।" मिस बोली।

बच्चे समझे नहीं बात का मतलब। इसलिए उन्होंने पूछा, "सेण्ट तो अच्छे लोग होते हैं ना मेम?"

मिस को भी अपनी ग़लती का अहसास हुआ, सुधार करते हुए बोलीं, "येश, शेण्ट अच्छा लोग होता हे, तब्बी तो उनके नाम पे इश्कूल खोलता हे लोगबाग। अपना इश्कूल बी शेण्ट के नाम पे हे। शेण्ट भोत जीनियश, भोत ग्रेट होता हे। पन वो लोग भोत ग़रीब होता हे। शेण्ट लोग मनी ओर टाइम का परवा नई करता हे, दिस इज़ वेरी बैड। वो एक जगो पे अक्खा शाल बेठा रेता हे, पहाड़ पे, बड़ा-बड़ा गुफा में, हिमालिया पे, जिदर जगो मिले उदर बेठा रेता हे। नो वर्क, नो प्रोग्रेस। ...तुमकूँ एशा बनने का क्या?...नई बनने का।...तुमकूँ डाक्टर बनने का, इंजीनियर बनने का, बड़ा-बड़ा अफ़सर बनने का, एवन शादी बनाने का...ओर फिर अपना लवली-लवली बच्चा लोगूँ को इंगलिश मीडियम में पड़ाने का। हय कि नई?"

कुछ बच्चों ने शरमा कर गरदन झुका ली, कुछ अपने साथियों की ओर शरारत से देखकर मुस्करा दिये। राजेन्द्र ही पूछता है, "मेम, हम लोग जल्दी फ्री हो जाएँगे तो क्या हमें भी उज्जेन जाना होगा?"

"काइकूँ?"

"कुम्ब देखने के लिए और नहाने के लिए।"

"राजू, उदर देखने को कुच बी नई हे रे। शेण्ट लोगूँ को न्हाने के वाश्ते उदर जाना पड़ता हे। ये शिरप शेण्ट लोगूँ के न्हाने का तेवहार हे। बारा शाल में एक बारी शारा शेण्ट लोग मेला होके न्हाता अच्छी तरा शे। तूमकूँ उदर क्या करने का? तूम तो अपना बाथरूम में शुबु-शाम न्हा शकता हे, बारा-बारा घण्टा में। जलदी एक्ज़ाम होएगा तो फ्री होके घर में रेने का, केबल टीवी शे अक्खा टाइम प्रोग्राम देखने का, वीडिओ गेम खेलने का, शुबु-शुबु पेपर में कुम्ब का बारा में न्यूज़ पड़ने का ओर शेण्ट लोगूँ का फ़ोटू देखने का, बश।"

घण्टी हो जाती है। मिस अपनी हाथ घड़ी देखती हैं और 'ओ गॉड' का उच्चार करते हुए दूसरी कक्षा में रोलकॉल लेने चल पड़ती हैं।

एक लाख सम्भावनाएँ प्रतिदिन

भारत एक जनसंख्या-प्रधान देश है। तोतारटन्त दोष के कारण कुछ परम्परावादी इसे आज भी कृषिप्रधान देश कहते पाये जाते हैं। इसमें कोई दो राय नहीं कि विवशता के कारण कुछ लोगों को आज भी खेती करनी पड़ती है। अगर वे ज़रा भी शिक्षित हो जाते तो अपने खेतों में पानी नहीं पिलाते, शहर आकर किसी ऑफिस में साहबों को पानी पिलाते। दूसरों को पानी पिला देना ही आज सफलता की पहचान या कसौटी है। पढ़ेलिखों का यह सौभाग्य है कि देश की पचपन प्रतिशत जनसंख्या आज़ादी के पैंतालीस वर्षों के बाद भी अशिक्षित है और अनाज पैदा कर रही है। आगे यदि सब पढ़ गये तो हमें विदेशों से दुगुना अनाज मँगाना पड़ेगा। तब उनके सौदों में नये-नये बोफोर्स होंगे या यहाँ के गोदामों में गड़बड़ करनेवाले हर्षद मेहताओं पर काग़ज़ रँगने पड़ेंगे। शिक्षा सरल आदमी को शातिर आदमी भी बनाने लगी है। लेकिन ईश्वर बड़ा दयालु है, उसकी नज़र सब पर है। वैसे भी इन दिनों श्रद्धा-भक्ति ओवर फ्लो में चल रही है। राजहित में ग़रीबी बनी हुई है, लोकहित में शिक्षितों के पेट के लिए अशिक्षा भी बनी रहेगी।

यह खेद की बात है कि हम जनसंख्या के मामले में भी हाकी, फुटबाल या क्रिकेट की तरह पहले नम्बर पर नहीं हैं। शिकायत पुरानी है, कारण नये हैं। पुराने ज़माने में कुश्तियाँ मिट्टी में होती थीं लेकिन अब गद्दों पर होती हैं। गद्दे देखते ही हमारे पहलवानों को सुस्ती आ जाती है। हाकी के मैदान टर्फवाले हो गये हैं जिन पर हमारे खिलाड़ी दौड़ नहीं पाते। फुटबाल और क्रिकेट की तो संकर विधि तैयार होने की सम्भावना है। फुटबाल प्रेम के कारण कपिल माँग करेंगे कि क्रिकेट की गेंद फुटबाल जितनी बड़ी हो। स्टम्प के आगे खड़े होकर वे उसे पैरों से मारेंगे। स्टम्प उखड़ गये तो गोल होगा वरना रन बनेंगे। यदि इस 'फुटबाकेट' को विश्व खेल में मान्यता मिले और पाकिस्तान उसमें हिस्सा न ले तो हमारा नम्बर वन होना क़रीब-क़रीब तय है। इसी तरह देश में कुछ और नहीं, सबको उचित आवास की सुविधा ही मिल जाए तो जनसंख्या-वृद्धि के खेल में हमें स्वर्ण पदक मिलने की पूरी सम्भावना है। टर्फों, गद्दों या आवास की कमी के बावजूद, अभावों में भी हमने अपने प्रयासों में कोई कमी नहीं की है। देश में एक सेकेण्ड में एक बच्चा पैदा हो रहा है, यह दुनिया भर के लिए एक चुनौती है। भारत को महान् हम यूँ ही नहीं कहते

हैं। जब कहा है करके दिखाने की अपनी ज़िम्मेदारी को भी हम समझते हैं।

ओलम्पिक में बुरे प्रदर्शन के लिए पुरानी नीति को ज़िम्मेदार मानकर सरकार ने तुरन्त नयी खेलनीति बना डाली है। यदि सन्तोषजनक परिणाम नहीं मिलें तो इसके अलावा और क्या किया जा सकता है। जीत जाते, दो-चार पदक लाते तो क्या ज़रूरत थी नयी खेलनीति की। जनसंख्या की ओर देखिए, प्रतिदिन एक लाख नये भारतीय नागरिक जच्चाघर में किलकारी मारते हैं। कितना सन्तोष होता है एक लाख सम्भावनाओं से भरी प्रतिदिन की इस प्रगति पर! पता नहीं इसमें कौन गाँधी, कौन नेहरू, सुभाष या मौलाना हो! इसीलिए हमने अपनी परिवार नियोजन की नीति नहीं बदली है। काम अच्छा चल रहा है, फेर-बदल की कोई ज़रूरत नहीं है। लोग ख़ुश हैं, वे देश नहीं स्टार टी.वी. देख रहे हैं, चारों तरफ़ अमन-चैन और ख़ुशहाली है। अपनी प्यारी जनता कम बच्चों की माँग तो नहीं कर रही है ना? कोई राजनीतिक दल इस मुद्दे पर दबाव डालने के लिए संसद से बहिर्गमन तो नहीं कर रहा है। करे भी क्यों, उन्हें तो वैसे ही रैली और चक्काजाम करने के लिए आदमी कम पड़ते हैं। वे चाहेंगे कि एक लाख की इस अखण्ड खेप में उनके लिए भी कुछ आरक्षण हो।

रही सरकार की बात तो वह अपना क़दम उठाती है। बार-बार उठाती है। धीरे-धीरे क़दम कठोर हो जाता है, एकदम भारी टाइप। तब वह कठोर क़दम उठाने का ऐलान करती है लेकिन उठाती नहीं है। क्योंकि उठता ही नहीं है। एक बार सतहत्तर के साल में सरकार ने अपने कठोर क़दमों को उठा दिया था। सन्तुलन रहा नहीं और सरकार औंधे मुँह गिर पड़ी। पैर भारी हो तो एक-एक क़दम पूरी सावधानी से उठाना ज़रूरी है।

सौभाग्यवश एक बार सरकार हमें मिल गयी, यूँही ट्रेन में, बोली, "जनसंख्या को लेकर आप बड़े चिन्तित रहते हो, कहो तो क़दम उठाऊँ?" हम सरकार के जलवों से अभिभूत, इस रायशुमारी के लिए तैयार नहीं थे सो मुँह से निकल गया, "आपके पैर बहोत ख़ूबसूरत हैं, इन्हें ज़मीन पर मत उतारिए वरना मैले हो जाएँगे।" हमारी बात का असर सरकार ने बहुत गहरे तक लिया, जितना कि पाकीजा में मीनाकुमारी ने। अर्सा हो गया सरकार ने जनसंख्या को लेकर अपने पैर ज़मीन से ऊपर ही रखे है। वैसे दुनिया को दिखाने के लिए कुछ नारे उछालने पड़ते हैं, सो बात अलग है। देश आख़िर ज़माने के उधार पर चल रहा है। इसका ध्यान रखना भी ज़रूरी है या कहें कि मजबूरी है।

एक दिन हमारा रुदन राग सुनकर सन्तानवीर लूलूप्रसाद जी ठिठक गये, बोले, "तुम इकलकुट्टे, ज़ुबान के उल्टे, हमेशा मुँह ताने बैठे रहते हो। अरे सेकेण्ड में एक आ रहा है तो क्या हुआ, तुम्हें पलने झुलाना पड़ रहे हैं क्या? चार दिनों की ज़िन्दगी है ये तो नहीं कि ख़ुश रहो। जब तुम्हारी गोद हरी हुई थी तो किसी ने मुँह फुलाया

था क्या? सबने बधाई ही दी थी ना? अब कौन-सा हक बनता है तुम्हें कि किसी आस-उम्मीदवाली को देखकर तीन कोने का मुँह बनाओ। बड़े आये लाल तिकोन कहीं के!"

"जानते भी हो सतासी करोड़ हो गये हैं हम लोग?" हमने अपने स्थायी गुस्से और चिन्ता के साथ कहा। लेकिन हमारी गम्भीरता को रिजेक्ट करते हुए वे बोले, "हाँ-हाँ जानते हैं। सित्यासी करोड़ हो गये हैं तो तुम्हारी वजह से नहीं। समझ में नहीं आता कि तुम्हें इतना अपराध-बोध क्यों होता है!! तुम क्या जानो भरे-पूरे परिवार का सुख। ये दुनिया आस-औलादवालों की है। सब तुम्हारी तरह बाँझ दृष्टि रखते तो संसार सतयुग में ही समाप्त हो जाता।"

"सदी समाप्त होने से पहले हम लोग सौ करोड़ हो जाएँगे। ना खाने-पहनने को मिलेगा और ना ही रहने के लिए जगह होगी। तब की सोचो क्या होगा?" हमारा स्थायीभाव फिर प्रकट हुआ।

चुनौटी से तम्बाकू निकालकर बेफ़िक्री से मलते हुए उन्होंने उपदेश मुद्रा अपनायी, "कुछ मत सोचिए, सबके साथ चलिए और जीना सीखिए। टी.वी. देखिए, रथ-यात्राओं की ख़बरें पढ़िए, मण्डल-कमण्डल पर बहस कीजिए, घोटालचियों की बारात गिनिए, हत्याओं का हिसाब रखिए, नेताओं के बयानों पर पुलकिए और सुबह से शाम कर डालिए। इनमें से कुछ ना बने तो--सीताराम, सीताराम, सीताराम कहिए; जाहि बिधि राखै राम ताहि बिधि रहिए।"

कर्फ़्यू में पिटी संवेदनाएँ

शहर में कर्फ़्यू लगा हो और घर में 'आपातूकाल' तो आमतौर पर पतियों को श्मशान वैराग्य की स्थिति आ घेरती है। वैसे भी जो पति ज़्यादा समय घर में रहते हैं उन्हें 'इकानामी ट्रीटमेण्ट' मिलता है। हम इसी इकानामी के मारे छत पर बैठे हैं।

सुबह से निकला मरद शाम को घर लौटे तो उसका लौटना मायने रखता है। ऐसा माना जाता है कि शाम को देर से लौटने वाला पति ख़ून-पसीना एक करके लौटता है। घर का हर सदस्य उनके लौटने को पर्याप्त गम्भीरता से लेता है। कर्फ़्यू में ऐसे लोग अपने परिवार के साथ अच्छी तरह से उठ-बैठ लेते हैं। इस बार जब ऐसे कामकाजी दोपहर बारह बजे लौट आये तो इनकी बीवियाँ समझ गयीं कि शहर में कर्फ़्यू लग गया है। प्राथमिक सूचनाएँ लेने के बाद वे रसोई में जाकर प्रसन्नभाव से भजिये बनाने की तैयारी में लग गयीं और अपने आप गुनगुनाने लगीं—'दिन में घर आया मेरा परदेसी, कर्फ़्यू लगा है शहर में'। सालभर बाद शहर में कर्फ़्यू लगा हो और अपना निजी पति घर में हो तो एक साधारण भारतीय महिला जिसके घर में तेल-बेसन हो, गरमागरम भजिये बनाने के अलावा और क्या कर सकती है। पति महोदय बाहर से गरम अफ़वाह और अन्दर से गरम भजिये ग्रहण करते आँगन में बैठे रहते हैं। घर यदि पूरी तरह सुरक्षित हो तो इन दोनों का भरपूर आनन्द उठाते लोग देखे जा सकते हैं।

दूसरे दिन वे विलम्ब से बिस्तर छोड़ते हैं। इसके कई कारण होते हैं एक तो यही कि कर्फ़्यू आज भी लगा ही होगा। अख़बार उठाते हैं—अरे, ये क्या! बस दो ही मरे! ये अख़बार वाले झूठ बोलते हैं साले। गड़बड़ तो बहुत हुई है, 60-70 से कम थोड़ी मरे होंगे। कल वो सामने वाले तो सिटी की सारी ख़बर लेकर आये थे। उनके तो रिश्तेदार भी पुलिस में हैं, भला वो झूठ बोल सकते हैं? पता नहीं इस देश का क्या होगा। अख़बारों में ना भाव सही आते हैं और ना ख़बर। घर में बैठे आदमी को दुनिया का सही हाल मिले तो कैसे ? एक दूरदर्शन है उसमें भारत पर छाये बादल और चार जगहों के तापमान के अलावा कोई सच्चा समाचार नहीं होता। शेष समय वो प्रधानमन्त्री की करतूतों पर मखमल लपेटकर समाचार वाचिकाओं को घूरते दर्शकों की खोपड़ी पर जड़ते रहते हैं। सचमुच सत्य तक पहुँचना कितना कठिन है!

"सुनो जी, आज क्या बनाऊँ, दाल-बाफले चलेंगे?" पत्नी ने कर्फ़्यू-उत्सव का कार्यक्रम तय करने के लिए पूछा।

"अरे भागवान, कल के भजियों ने ग्यारह घण्टे अन्दर रहकर सारे पेट को हिन्दुस्तान बना दिया है। किसी तरह इन्हें निष्कासित कर दूँ फिर सोचूँगा। ज़रा ट्रांजिस्टर देना, बी.बी.सी. से ही सही समाचार मिलेंगे।" वे बोले।

"क्यों जी, ये बी.बी.सी. वाले सही समाचार क्यों देते हैं?" पत्नी को बी.बी.सी. की ढिठाई समझ में नहीं आयी।

"समाचार सही ही होना चाहिए। जो सही है वही समाचार होते हैं। किसी भी प्रकार का झूठ समाचार नहीं हो सकता।"

"फिर अपने रेडियो-टी.वी. वाले झूठे समाचार क्यों देते हैं?"

"आदत पड़ गयी है उनकी। सारे देश से मज़ाक़ करते हैं, उल्लू बनाते हैं सबको।"

"अच्छा, तभी मैं कहूँ कि ये टी.वी. वाली सलमा सुल्तान 'समाचार समाप्त हुए,' कहकर शरारत से मुस्कराती क्यों है।"

अब वे रेडियो से चिपके बैठे हैं। बी.बी.सी. ने कुछ विशेष नहीं कहा इसलिए दिमाग़ ख़राब हो गया—कमाल है भाई, बी.बी.सी. भी अब चुप हो गयी। सरकार ने रोक लगा दी होगी वरना वह सही समाचार देने से नहीं चूकती। ये अपनी सरकार ...सब निखट्टू भरे हैं ऊपर से नीचे तक। खुद कुछ करती नहीं और बी.बी.सी. को समाचार भी नहीं देने देती। अब रसातल में चला जाएगा ये देश। ना दंगों के पहले कुछ करते हैं ना दंगों के बाद। दंगे होंगे यह सबको पता था। व्यापारी सट्टा लगा रहे थे, नौकरी-पेशाओं ने उस दिन की छुट्टी ले ली थी, सामान्य आदमी बैंक से हज़ार-पाँच सौ निकालकर घर में रख रहा था, पता नहीं कब ज़रूरत पड़ जाए। बर्तनवाली बाई भी समझदार थी। इस बार उसने दीवाली के पैसों से साड़ी नहीं खरीदी, राशन भर लिया था। उसे भी शंका थी कि 'आठ-पन्द्रह दिन का टण्टा होएगा।' सबको आशंका थी, पर प्रशासन और पुलिस भाँग खाकर भजन में लगे थे। शायद सोच रहे होंगे कि होने दो, जो होगा देखा जाएगा। भक्तों की सरकार है, हाथ जोड़कर कह देंगे कि "जाही बिधि राखै राम ताहि बिधि रहिए।" शहर का क्या है, ये तो बसते-उजड़ते रहते हैं। इतिहास में दंगे पहली बार तो हो नहीं रहे हैं! अब तो ये हमारी सभ्यता का हिस्सा है।

हमारा देश इतना सहिष्णु है कि राजनीतिज्ञ पूरा ज़ोर लगाकर प्रयास नहीं करें तो तनाव पैदा ही न हो। दंगे करवाने की एक प्रक्रिया है। हमारे प्यारे नेता अपने कला-कौशल से किसी विवाद को खड़ा करते हैं। जनता में इससे तनाव पैदा हो जाए तो ठीक वरना ये काम भी उनके पट्ठों को करना पड़ता है। अब दंगा, मारकाट, लूटपाट, आगजनी, लाठी-गोली, शव, श्मशान वगैरह सब हो जाता है तो शान्ति

कमेटियाँ बनती हैं। अख़बारों में फ़ोटो और अपीलें छपती हैं और योजना के अनुसार अगले दंगों तक के लिए शहर फिर शान्त हो जाता है। जाते-जाते दंगा शहर को कुछ नये नेता दे जाता है। आख़िर में प्रदेश का बड़ा नेता विधवाओं को मुस्कराते हुए चेक पकड़ाता है और आशा करता है कि अगले चुनाव में सारे कुनबे के वोट उसकी पार्टी को ही मिलेंगे।

रोज़-रोज़ के दंगा-समाचारों ने व्यक्तिगत रूप से लोगों की संवेदनाओं को बोठा कर दिया है। तीसरे दिन कर्फ़्यू में दोपहर 12 से 3 तक छूट रही। चारों ओर से लोग निकल पड़े। हमारे कामकाजी जी भी बाहर निकलने को छटपटा रहे थे। मरनेवालों की सही जानकारी मालूम करना उन्हें बहुत ज़रूरी था। दरअसल, इन्हें भी दंगे की प्रबल आशंका थी इसलिए सट्टा लगा आये थे। मरनेवालों का आँकड़ा मालूम हो जाता तो गणना कर लेते कि कितने 'प्लस' में रहे।

किराना और दवाई विक्रेताओं के यहाँ ख़ूब भीड़ है। दूध और सब्ज़ी के लिए भी लोग घूम रहे हैं। इन सबके बीच मिठाई वाले भी सेवा में लगे हैं। गरम-गरम जलेबियाँ उतर रही हैं, समोसे और कचौरियों के इन्तज़ार में चटोरे खड़े हैं। यहाँ-वहाँ से कामकाजी जी जान गये हैं कि वे अच्छे प्लस में हैं। प्रसन्न भाव से उन्होंने कचौरी-समोसे का एक जोड़ा ग्रहण किया और घर के लिए जलेबियाँ बँधवायीं। तीन बजे से पहले वे घर लौट आये, एक अच्छे नागरिक की तरह। अपनी 'प्लस प्रसन्नता' परिवारजनों में बाँटी और गरम जलेबी का पूड़ा खोलकर उसका जश्न शुरू किया। जलेबियाँ अख़बार के काग़ज़ में बँधी थीं। चाश्नी में लिपटा शीर्षक उनके बीच से झाँक रहा था—दंगों में 15 मरे और 50 घायल।

अवमूल्यन पर आमादा एक और वित्तमन्त्री

"सुनो जी, तुम चाहते हो ना कि लोग तुम्हारी कदर करें, तुम्हारे अस्तित्व को स्वीकारें, मान दें। तुम्हें अपने घर बुलाएँ, चाय पिलाएँ और जब तुम उन्हें बुलाओ तो प्रेम से आ जाएँ और बिना उफ़ किये तुम्हारी कविताएँ भी सुन लें...तो फ़ौरन अपना अवमूल्यन करा लो।"

हम समझ गये कि श्रीमती जी ने रुपये के अवमूल्यन पर अख़बारों के सम्पादकीय नहीं, वित्तमन्त्री के बयान अधिक पढ़े हैं। रुपये का एक बार अवमूल्यन कर लो तो भी उसकी कुछ हैसियत बाक़ी रहती है। यहाँ तो एक बार बैण्ड बजाता सात फेरों का अभूतपूर्व संकट आया कि हो गये भूतपूर्व और मूल्यहीन। अगले अवमूल्यन का ढोल बजाना हो तो भी कोई गुंजाइश नहीं। आदमी और रुपये में यही फ़र्क़ है। फिर भी हमने श्रीमती जी की बात काटना उचित नहीं समझा। सुखी पारिवारिक जीवन का एक सूत्र यह है कि पति को हमेशा पत्नी के विचारों से सहमत होना चाहिए। यदि उसकी राय में आप मूर्ख हैं तो इस बात से समहत हो जाना ही सबसे बड़ी बुद्धिमानी है। अगर कोई नौसिखिया स्थिति की गम्भीरता को समझे बग़ैर अपना दिमाग़ी ताल ठोंक कर विरोध में खड़ा हो जाए तो उसे इस असहमति की क़ीमत एक महाभारत और इसके समापन पर एक साड़ी से चुकानी पड़ती है। सो हमने अपना व्यावहारिक दाँव लगाते हुए उनसे अपनी सहमति प्रकट की, "वाह क्या बात है! क्या मनमोहक बात कही है!! आख़िर घर का वित्तमन्त्रालय ऐसे ही नहीं सँभाले हो। वाकई तुम बड़ी बुद्धिमान हो।"

"चलो हटो, अब इतनी भी बुद्धिमान मत समझो।" उन्होंने प्रसन्न होकर सेमी-लजाते हुए कहा। पुनः सामान्य होकर बोलीं, "आज के ज़माने में अपना अवमूल्यन करना ही सफलता का सबसे बड़ा सूत्र है। इसीलिए कहती हूँ फटाफट तुम भी कर डालो।"

"कैसे करूँ? बाहर तो वैसे भी अपने को कौन पूछता है। स्टील के बर्तनवाली अगर बदले में एक छोटा कुठला दे दे तो ले लो। जब उसमें गेहूँ पिसाने भेजोगी तो चार लोग देखेंगे और हमारी साख बढ़ जाएगी।" हमने मज़ाक़ का पुट देते हुए बात को आयी-गयी करने की कोशिश की।

"इसे कहते हैं अवमूल्यन?" चिढ़कर उन्होंने बिलकुल चन्द्रशेखर की तरह मुँह बनाते हुए कहा।

हमने भी वी.पी. की तरह नाटकीय गम्भीर मुद्रा बनाकर पूछा, "तो फिर आप ही बताइए, इस्तीफा दे दें। लगा लें सेकेण्ड हैण्ड का लेबल और उपलब्ध हो जाएँ घटे दरों पे। इसे आप सामाजिक न्याय कहेंगी?"

"ये मतलब नहीं है मेरा। ज़रा आर्थिक पक्ष की ओर भी देखो। ईमानदारी अच्छी चीज़ है। उस पर कहानी लिखो, कविता पढ़ो, भाषण दो, चर्चा करो परन्तु उसे अपने पर्स के पास मत फटकने दो। समझदार हो, अपने गुणों का लाभ लो और सफ़ाई से काम करो।" चूँकि बात हमें समझाना ज़रूरी लग रहा था इसलिए उन्होंने स्वभाव के विपरीत शान्ति से काम लिया।

"अब तुम हमें इस काम के लिए प्रेरित कर रही हो! क़िस्मत मुसद्दी की जो उसे रूपबाला जैसी बीवी मिली। वैसे तुम भी रूपबाला जैसी ही लगती हो, लिखना-पढ़ना छुड़वाकर हमसे ये करवाओगी?" चने से कुछ बड़े झाड़ पर चढ़ाते हुए हमने निवेदन किया।

"तो इसमें क्या हुआ? हर सफल आदमी के पीछे एक औरत का हाथ होता है, और तुम्हारे पीछे मैं हूँ। मेरी मर्ज़ी यही है।"

"रूपबाले, ऐसा सिर्फ़ अच्छे कामों के सन्दर्भ में कहा जाता है, भ्रष्टाचार के लिए नहीं। चरित्र से बढ़कर कुछ होता है जीवन में?"

"देखो साफ़ कहे देती हूँ, चरित्र-वरित्र मैं कुछ नहीं जानती। अपना अवमूल्यन नहीं करोगे तो इस महँगाई में मुझसे घर नहीं चलेगा। ईमानदारी के घूँट पीकर भरते रहना अपना पेट।" धौंस देते हुए उन्होंने अपने हाथ ऊँचे कर दिये।

"पूरा वेतन तो तुम्हें दे देता हूँ। इतने में काफ़ी नहीं होता क्या? अगर कम पड़ता हो तो ओवर टाइम किया करूँगा।"

"किसी ओवर टाइम से आज ढंग का जीवन नहीं जिया जा सकता। अगर थोड़ा अकल से काम करो तो मारुति लाने में देर नहीं लगेगी। इतने बड़े अधिकारी हो, पचास काम कर सकते हो लोगों के।" समझाइश विथ लव।

"लेकिन इज़्ज़त भी तो कोई चीज़ है?"

"इज़्ज़त का डर सिर्फ़ मिडिल क्लास लोगों को होता है। कड़के हो इसलिए इज़्ज़त से डर रहे हो। कैसे भी करके एक बार अपने नीचे तगड़ा माल दबा लो तो पैसा ही आदमी की इज़्ज़त हो जाता है। वो कोनेवाले तुमसे छोटे अधिकारी हैं और तनख़्वाह भी तुमसे कम पाते हैं फिर भी उनके ठाठ देखो। नहीं कुछ तो उनसे ही सीखो।" शान्तिनिकेतन का पता बताते हुए वे बोलीं।

"ऐसी बातें वे क्यों सिखाने लगे?"

"क्यों नहीं सिखाएँगे? सीखनेवाले में योग्यता होनी चाहिए। और फिर उन्हें भी तो किसी ने सिखाया होगा।"

"किसी ने नहीं सिखाया। उनके पिता आयकर विभाग में क्लर्क थे। मछली को कोई तैरना सिखाता है क्या?" हमने पल्ला झाड़ते हुए कहा।

"इसीलिए तो कह रही हूँ कि अपना नहीं तो कम-से-कम बच्चों का सोचो। आगे चलकर ईमानदारी के सारे पत्थर पिघलकर पानी-पानी हो जाएँगे तब उन्हें तैरकर ही जीना होगा, समझे।"

"ठीक है, उस वक़्त देखा जाएगा। इसमें आज इतना घबराने की क्या बात है?" हमने फिर टालने की कोशिश की।

"बात घबराने की नहीं, दूरदृष्टि और पक्के इरादे की है। सरकार ने भी एम. डी. गाँधी और जे.एल. नेहरू की नीति पर नहीं चलने का फैसला किया है। नयी औद्योगिक नीति, नयी योजनाएँ याने विकास के चहुँमुखी रास्ते, यथासम्भव अवमूल्यन के साथ।" अटल रहते हुए वे बोलीं।

"जो भी हो मुझे नहीं चाहिए काली कमाई, काला धन।" आख़िर हमें असहमति का रास्ता अपनाना पड़ा।

"पता नहीं लोग तुम्हें समझदार क्यों मानते हैं? अजी कौन नहीं जानता कि काले धन से दिन उजले मिलते हैं। सरकार ने भी मान लिया है कि काली कमाई कल्याणकारी है, इसलिए काले धन से ग़रीबों के लिए मकान बनाने का कितना बढ़िया प्रस्ताव दिया है। इस लोक का नहीं तो परलोक का सोचो और दो-चार ग़रीबों के लिए मकान बनाकर पुण्य कमाओ।" कहते हुए उन्होंने अपनी कमर में साड़ी का पल्ला खोंसा।

महिलाएँ जब कमर में पल्ला खोंसती हैं तो उसे किसी जंग का संकेत समझना चाहिए। वैसे भी कुशल योद्धा एक-दूसरे के पैंतरों को अच्छी तरह समझते हैं। हव्वाओं का छोटा सिर देखकर सैकड़ों बरसों से हमारे पुरखे अपनी मूँछें मरोड़ते रहे। लेकिन अन्त में मूँछ झुकाने या मुँड़ाने के अलावा उन्हें कुछ नहीं मिला। यदि वे अपनी बात मनवाने का इरादा कर ही लें तो आज किसी भी मनमोहन पर भारी पड़ सकती है। क्या पता वित्तमन्त्री ने बजट प्रस्ताव अपने बेडरूम में बैठकर तैयार किया हो। औरत को भारतीय संस्कृति में दुर्गा, कालका, सरस्वती सब कहा गया है लेकिन इन सबसे अधिक उसे लक्ष्मी माना गया है। आदमी हर संकट से निबट सकता है परन्तु गृहलक्ष्मी-संकट से हार जाता है।

"फिर क्या सोचा तुमने?" पल्ला-खुँसी मुद्रा में उन्होंने आख़िरी बार पूछा।

"तुम ठीक कहती हो।" हमने सहमति का दाँव मारा।

"क्या ठीक कहती हूँ?"

"यही कि अवमूल्यन बहुत ज़रूरी है और अच्छा भी है।"

"अब हम घरवालों की नज़र में तुम्हारी इज़्ज़त बढ़ जाएगी।"

"लेकिन दुनियावालों के सामने गिर जाएगी।" हम निवेदियाये।

"तुम्हें हमारे साथ रहना है या दुनियावालों के साथ?"

मित्रो, यह सवाल किसी भी घर में उठ सकता है, उठता है। मैं तो चुप हूँ, आप क्या जवाब देंगे?

इमोशनल फटीचर क्यों होते हैं

बड़ी-बड़ी आँखें, भरा-भरा शरीर, गोरे चिकने गाल, मस्तानी चाल और बेफ़िक्री का अन्दाज़ देखकर मैंने अपने साले साहब को फटीचर कह दिया। इन दिनों जहाँ तक मेरी जानकारी बन पायी है, फटीचर ऐसे ही दिखते हैं। पहले मैं समझता था कि फटीचर सूखे हाड़-हड्डोंवाले वे लोग होते हैं जिन्हें कल के साथ-साथ आज की भी चिन्ता हो। जिनके बदन पर श्रीजियों की सभ्यता बचाये रखने के लिए सिर्फ़ एक चीथड़ा होता हो, जिनके पास इज़्ज़त न लुटाने के लिए हो और न ही बचाने के लिए, जो अपनी अँगुलियों पर कभी दिन गिनता हो कभी दर्द, वो फटीचर है। लेकिन मुझे क्षमा कीजिए, ऐसे फटीचर बीसवीं शताब्दी के प्रारम्भ में होते थे, जिन्हें प्रेमचन्द ने घिस डाला। कुछ बच गये होंगे तो प्रेमचन्द 'दूसरा' रगड़ देगा, फिर भी शेष रहे तो प्रेमचन्द 'तीसरा' इन दिनों के.जी. टू में पढ़ रहा है। भइया अपनी तो इन फटीचरों से छुट्टी, लेखक हुए तो क्या हुआ प्रेमचन्द तो नहीं हैं। अपने लिए टमाटो-सास खानेवाला नया हेल्दी फटीचर है। मर्ज़ी आये पुलिस में भर्ती करो, मर्ज़ी आये दंगा करा लो। हर हाल में वह देश का है।

अगर आदमी इश्क के अलावा किसी और मामले में इमोशनल होने लगे तो समझो फटीचरी नसीब में लिखाकर लाया है। कुछ लोगों को वसीयत में भी फटीचरी मिलती है। पैंतीस साल की उम्र तक वे इसे दूर करने की कोशिश में अपनी पूरी ताकत लगा देते हैं कुछ लोग सफल हो जाते हैं और कुछ लोग इमोशनल। फटीचरी और इमोशनल का साथ गोली और आतंक के साथ जैसा है। कभी गोली पहले आतंक बाद में, कभी आतंक पहले गोली बाद में।

मैं शुरू से बड़ा इमोशनल रहा हूँ। इसलिए शारीरिक रूप से बड़ा होने पर जब मुझे कुछ चुनने का अवसर मिला तो तमाम सम्भावनाओं को छोड़कर प्रेम से फटीचरी को चुना लिया। मित्रों ने कहा—व्यापार करते तो बहुत पैसा कमाते, पुलिस में जाते तो बिना मेहनत के कमाते। टीचरी तो फटीचरी है, पहले हफ़्ते राशन और चौथे हफ़्ते इमोशन। किसी नेता की दुम पकड़ लेते तो भी काफ़ी था। कोई ठेका, कोई कोटा कुछ भी दिलवा देता। नहीं कुछ तो किसी कुएँ-तालाब की अध्यक्षाई या सचिवाई तो मिल ही जाती, दो-चार साल ही नहा-धो लेते तो हमेशा के लिए

चकाचक हो जाते। पर मैंने सोचा कि एक बीवी और दो बच्चों को पालने के लिए एक सन्तुलित फटीचरी ही काफ़ी है।

कुछ लोग हालत से बढ़िया होते हैं परन्तु रिश्तों से फटीचर हो जाते हैं। सालों से सालों का हाथ बहनोई के नीचे दबा होता है, वे चाहें तो उसका कुछ भी बिगाड़ सकते हैं किन्तु नहीं बिगाड़ पाते। इसे कण्डीशनल फटीचरी कहते हैं। यह जानते हुए कि वे विरोध नहीं करेंगे हमने बच्चों के मामा को सम्मान देने के लिए फटीचर कहा था परन्तु हमारी श्रीमती जी बुरा मान गयीं। वैसे बीवी वही जो बुरा माने, नहीं माने तो समझो कोई धोखा है। बोलीं, "फटीचर होगे तुम, मेरे भाई को अण्ट-सण्ट मत बोलना। वरना..."

अधूरा वाक्य बोलकर वे चुप हो गयीं। हमारी प्रतिभा और अनुभव को जानती हैं कि 'वरना' के बाद का ख़ाली स्थान खुद भर लेंगे। हमने कहा, "अरे भई, मैंने तो काम्प्लीमेण्ट के रूप में कहा था। देखो रंग-रूप, हेल्थ-हाइट; बिलकुल फटीचर लगते हैं कि नहीं!"

"कतई नहीं, वो फटीचर इमोशनल है और मेरे भाई इमोशनल नहीं हैं। आज जो इमोशनल नहीं है वो फटीचर हो ही नहीं सकता।" भाई के बचाव में तर्क देते हुए उन्होंने कमर में साड़ी का पल्लू खोंसा।

हमने चुप्पी रखना सुरक्षित समझा। लेकिन अब उनके एक वाक्य में उलझ रहा हूँ, सोचता हूँ सारे फटीचर इमोशनल होते हैं क्या? जो फटीचर नहीं हैं वो इमोशनल क्यों नहीं होते? देश तो दोनों का है। भ्रष्ट अधिकारी रिश्वत लेने या ग़बन करने से पहले इमोशनल हो जाए तो कैसा रहे? दवाइयों और खाद्य पदार्थों में मिलावट करने वाले इमोशनल क्यों नहीं होते? डॉक्टरों-इंजीनियरों को उनके इमोशनल होने की जाँच किये बिना डिग्री क्यों दे दी जाती है? लड़की का बाप ही इस महान् भारत में इमोशनल होने के लिए क्यों अभिशप्त है? अमीर घरों में बहुएँ क्यों जल रही हैं, इमोशनल के न होने के कारण ही ना! सवाल यह है कि आज आदमी देश और समाज के लिए इमोशनल क्यों नहीं है। क्या हम राष्ट्रीय चरित्र बनाने में पूरे देश को फटीचर देखना चाहते हैं? यदि नहीं तो क्या हम यह चाहते हैं कि यहाँ एक भी इमोशनल नहीं हो, सारा देश बेदिल बहादुरों का हो जाए? याने सबकी जेबें भरी हों और मन भावनाओं से शून्य हों? शायद नहीं। कुछ लोगों को इसलिए इमोशनल बने रहना होगा ताकि यह कहा जा सके कि मनुष्य एक सामाजिक प्राणी है।

"क्या सोच रहे हो? बुरा मान गये या कोई चिन्ता है?" हमें सियार की तरह ऊँचा मुँह किये देखकर वे बोलीं।

"अभी भी मैं वहीं हूँ, सोच रहा हूँ कि तुम्हारे भाई को फटीचर कहूँ या नहीं कहूँ। अच्छा सालेश्री तुम ही बताओ तुम क्या चाहते हो?" पद्मश्री देने से पहले कुछ

लोगों से पूछ लिया जाता है कि भइया लोगे या नहीं लोगे। फटीचरी का सम्मान देने से पहले हमने एक बार पूछना उचित समझा।

"जैसी आपकी मर्ज़ी।"

"अरे नहीं-नहीं, कुछ तो कहो।" पूरे उदार होते हुए हमने आग्रह किया।

"क्या फ़ायदा, पुराने लोग कह गये हैं कि यमराज और बहनोईराज के आगे किसी की नहीं चलती। जैसा आपको अच्छा लगे वैसा कहिए।" चेतन होते हुए भी उन्होंने जड़ मुद्रा अपना ली।

"तुम बताओ, इन्हें आम आदमी से ख़ास आदमी के रूप में स्थापित करने के लिए फटीचर कह सकता हूँ?" पत्नी से पूछा।

वे चिढ़कर बोलीं, "ख़बरदार, ऐसा भूलकर भी मत कहना। कहे देती हूँ इस मामले में मैं बहुत इमोशनल हूँ।"

नाराज़ रहे देवराज गणेश

"आज आप कैसा महसूस कर रहे हैं?" दस दिन की सद्भावना यात्रा पर आये भगवान गणेश से विजर्सन के पूर्व पूछा।

"वापस लौटते हुए मुझे बहुत प्रसन्नता हो रही है।" वे बोले।

"इन दिनों मुख्य रूप से क्या कर रहे हैं आप?"

"कुछ विशेष नहीं, वही रुटीन वर्क।" टालते हुए उन्होंने कहा।

"ऊपर सब मज़े में हैं, दूसरे देवों के क्या हाल हैं?"

"हूँ, सब ठीक हैं। प्रभु राम अधिक व्यस्त रहे। परेशान भी बहुत थे। लेकिन भक्तों के आगे किसकी चलती है।" ठण्डी साँस छोड़ते हुए वे बोले।

"आप कुछ करते क्यों नहीं?" हमने औकात से बाहर जाकर लोकहित में प्रश्न किया।

"मेरे हाथ में क्या है? मुझे तो लोग शुरू में पूछते हैं। मैं तो बस पहले दिन का देव हूँ।" चिढ़ते हुए उन्होंने उत्तर दिया और कमरे में चारों ओर देखते हुए बोले, "हूँ...ज़रा तुम अपनी कहो, पिछली बार रंग नहीं कराया दीवारों पर? सब वैसी ही हैं!"

"आप तो जानते हैं महँगाई कितनी हो गयी है इन दिनों। शुद्ध घी सौ रुपये किलो है।"

"घी का रँगाई-पुताई से क्या सम्बन्ध?" उन्होंने टोका।

"पुताई से नहीं सही प्रभु, आपके मोदकों से तो है।" हमने महँगाई से उन्हें जोड़ने की कोशिश की ताकि इस बार मोदकों की कमी को वे माइण्ड न करें।

"मूड ऑफ कर दिया तुमने।...अच्छा ये बताओ, तुमने क्या किया साल भर में?" अचानक उन्होंने पूछा।

भगवान जानते सब हैं पर पूछते कभी नहीं। उनके सामने जब भी गये, याचक बनकर गये, कभी कुछ पा गये तो आभारी हो आये। साल भर का हिसाब माँग लेंगे, ऐसी उम्मीद नहीं थी। कौन रखता है इतनी पुरानी बातों को याद। किसी दिन जब ज़िन्दगी भर का हिसाब माँगेंगे तो क्या जवाब दूँगा। फिर भी कुछ बचते हुए कहा, "कुछ करने का मौक़ा कहाँ मिला हमें? दंगे हुए थे, उसमें कौन सुनता हमारी? दो-चार को समझाने गये तो उन्होंने कहा ख़ून से नहला देंगे। अब आपको तो मालूम

है हम रोज़ नहाते हैं, फिर भी श्रीमती जी ने लाल और गुलाबी वाकई बड़े साबुन मँगवा लिये और सख़्त हिदायत दी कि—तुम्हें किसी के ख़ून से नहाने की ज़रूरत नहीं है, जितना भी नहाना हो इन साबुनों से नहाओ, अपने हाथ से, अपने घर में। ...फिर सद्दाम हुसैन आ गये विश्व-पटल पर और दिन पेट्रियाड और स्कड की तरह छूटते चले गये। अभी कुओं की आग बुझ भी नहीं पायी थी कि चन्द्रशेखर जी ने चुनाव करवा दिये। चौटाला के उस कोने से लल्लू के इस कोने तक चल रहा सरकस देख रहे थे कि राजीव गाँधी चले गये, फिर बजट आ गया घोटाले हो गये। बस हो गया साल पूरा।"

"मैंने साल भर की तुम्हारी गतिविधियों के बारे में पूछा है, देश की नहीं। तुमने क्या किया साल भर?" मुझे लगा गणेशजी नाराज़ होकर पूछ रहे हैं।

उत्तर तो देना ही था—"प्रभु-सेवा की।"

"और?"

"थोड़ा बीमार हुए।"

"और कुछ?"

"वी.सी.आर.पर पिक्चरें देखीं।"

"कोई ढंग का काम किया? घर की सफ़ाई तक नहीं की।"

"काफ़ी साफ़ तो है भगवन्। मिडिल क्लास लोगों के घर ऐसे ही होते हैं। फ़र्श देखिए, झाड़-पोंछा रोज़ लगता है। डेली, बिना नागा।" हमने ज़ोर देकर कहा।

"तुम लगाते हो क्या?" उन्होंने थानेदार की तरह पूछा।

"नहीं, वो लगाती है, ...मिसेज़।" सिर नीचा किये हमने जवाब दिया।

"वो अकेली कितना काम करती है! उसकी मदद का विचार नहीं आता तुम्हें।" वे डाँट पर उतर आये।

"विचार तो आता है, पर महँगाई है भगवन्, मेरे जैसा आदमी दो बीवियाँ अफोर्ड नहीं कर सकता।"

"काम तो कर सकते हो अपने हाथ से?" चिढ़कर ज़ोर से बोले, शायद किसी बात का बुरा मान गये वे।

"ठीक है, अब आइन्दा ध्यान रखूँगा।" मैंने उठकर पंखा चालू किया। ठण्डी हवा लगते ही वे शान्त होने लगे। "क्या लेंगे आप, ठण्डा या..."

"कुछ नहीं,...अच्छा, पानी पिलाओ ठण्डा।"

"अकेले ही आये प्रभु, फेमिली वगैरह को नहीं लाये?" पानी पिलाने के बाद वैसे ही पूछ लिया, औपचारिकतावश।

"वो लोग नहीं आतीं यहाँ। मन तो मेरा भी नहीं करता परन्तु कुछ लोगों की श्रद्धा के कारण चला आता हूँ। बहुत पहले आया था एक बार रिद्धि-सिद्धि दोनों को लेकर।"

"आपका मन नहीं होता यहाँ आने का! ऐसा क्यों कह रहे हैं?" मुझे भी आश्चर्य हुआ।

"क्यों क्या, देखते नहीं मेरे नाम पर क्या-क्या करने लगे हैं लोग। जबरन चन्दा वसूली और उसमें घोटाले, छेड़छाड़, गुण्डागिरदी क्या नहीं होता है मेरे सामने। मन दुखी हो जाता है पर मैं लाचार-सा आँख बन्द किये आशीर्वाद की मुद्रा में बैठा रहता हूँ। कभी-कभी लगता है मैं सचमुच मिट्टी का हूँ। इतना शोर करते हैं कि कान के परदे फट जाएँ, कोई तमीज़ रह ही नहीं गयी है।" वे सचमुच बहुत दुखी हो गये।

"जाने दीजिए बुद्धिराज, सड़कें-गलियाँ अब साहित्यिक-सांस्कृतिक कार्यक्रमों के लिए कहाँ रह गयी हैं। इन पर तो जुलूस निकलते हैं, दंगे-फसाद होते हैं।" सान्त्वना देने के लिए मैंने कहा।

"सच कहते हो इसलिए मैं तुम्हारे जैसे लोगों के घरों में स्थापित होना पसन्द करता हूँ, जहाँ सफ़ाई भले ही न हो परन्तु शान्ति तो होती है।"

उन्हें प्रसन्न होता देख हमने हाथ जोड़कर कहा, "सब आपकी कृपा है प्रभु।"

"कृष्ण और विश्वनाथ जी भी इन दिनों चिन्तित हैं। सोचते हैं कहीं वे भक्तों की चपेट में न आ जाएँ। उन्हें भी हिम्मत बँधानी पड़ती है।"

"भक्तों के आगे किसकी चलती है प्रभु! पहले भी नहीं चलती थी, अब तो और सम्भव नहीं है।" उन्हें दोबारा सोच में पड़ता देख हमने रोकने का प्रयास किया।

"कुछ-न-कुछ तो करना ही पड़ेगा। अगर यही हाल रहा तो हम लोग अब धरती पर नहीं आएँगे।" वे फिर अनमने हो उठे।

"ऐसा विचार मत बनाइए भगवन्। आपलोग मुँह फेर लेंगे तो यहाँ किसी का डर ही नहीं रहेगा।"

"क्यों? पुलिस तो है ना?"

"पुलिस से तो शरीफ़ आदमी डरते हैं। चोर, उचक्के, भ्रष्टाचारी, ग़बनची, मिलावटी और बेईमान वगैरह अभी भी आप लोगों से डरते हैं थोड़ा-थोड़ा। एक बार निडर हो गये तो वे आज़ादी का पूरा लाभ उठाएँगे।"

"फिर?" उन्हें यहाँ की चिन्ता होने लगी।

"फिर क्या, आप तो बराबर आते रहिए। आरती, पूजा, प्रसाद, जय-जयकार आदि से मुँह फेर रहे हैं, कैसे भगवान हैं आप। भक्तों का क्या है! आज ये हैं तो कल दूसरे आएँगे।"

"तुममें बड़ा धैर्य है! कमाल है!" लगता था उन्होंने इरादा बदला।

"धैर्य क्या प्रभु, बेजान हो गये सब। ये भारत की जनता है। चढ़ती महँगाई, बढ़ते भ्रष्टाचार, लुटेरे व्यापारी, ताल ठोंकते नेता, अत्याचार करते सबल और सोते-ऊँघते विद्वानों को देखती-सहती यह जनता शून्य हो गयी है। सब रास्ते में पड़े

पत्थर हो गये हैं। इनसे चाहे मन्दिर बना लो चाहे मस्जिद, या चाहो तो किसी जुलूस पर फेंककर दंगा करवा लो। आप भी चाहते हैं कि हालात बदलें किन्तु ये हालात तभी बदलेंगे जब किसी दिन कोई पत्थर स्वार्थी नेताओं के सिर पर सन्ना जाएगा। और इसमें हमें आपके आशीष चाहिए।"

पूरी बात सुनकर वे कुछ देर सोचते बैठे रहे, फिर बोले, "आऊँगा, ज़रूर आऊँगा,...हर साल आऊँगा। अब चलूँ...दस दिन रह लिया तुम्हारे घर।...और देखो इस बार रँगाई-पुताई करवा लेना।"

अवसरखोरी

भारत एक अवसर प्रधान देश भी है। यहाँ आज अधिकांश लोग जहाँ हैं, जो हैं, अवसर के कारण हैं। जो आदमी विज्ञान की प्रयोगशाला में रासायनिक प्रतिक्रियाएँ नाप रहा था, अब बैंक के खातों में जमा-नामें लिख रहा है। जिसने कामर्स पढ़ा वह लाटरी के टिकट बेच रहा है। गाँधी और मार्क्स के विचारों पर श्रेष्ठ निबन्ध लिखनेवाला बस में कण्डक्टरी कर रहा है। जो पढ़े-लिखे नहीं और अवसर पा गये वे मन्त्री-उपमन्त्री हो गये और स्कूल-कॉलेजों में फीते काटने लगे। महत्त्वपूर्ण यह नहीं है कि आपने अपना सूटकेस कहाँ के लिए बाँधा है बल्कि असल बात यह है कि आप किस ट्रेन में चढ़ गये हैं। कहते हैं कि ईश्वर ने आदमी को दो हाथ दिये हैं तो अवसर देना भी उसी का काम है। अपने को ही लूँ तो बचपन में अनेक मास्टरजीयों को पिटाई का सुख दिया। उस ज़माने में एकाध झापड़ मारनेवाले टुच्चे टीचर मार्केट में नहीं आये थे। पिटाई का अवसर मिलते ही कम-से-कम एक सेट में छः-सात रसीद करते थे। तब के बच्चों को भी इसकी आदत हो जाती थी। गाँधीजी के साथ भी यही हुआ होगा, इसीलिए उन्होंने सिफ़ारिश की कि कोई एक गाल पर चाँटा मारे तो दूसरा गाल भी आगे कर दो। गालों के साथ भी समानता का व्यवहार होना चाहिए। एक गाल अछूत होकर अत्याचार सहे और दूसरा अछूता रहे, ऐसा कैसे हो सकता है? अवसर ही है कि आज मैं पुलिस में न होकर शिक्षक ही हूँ। यह बात और है कि अब कान पकड़ने और चाँटा मारने के अवसर नहीं हैं। अब तो स्वयं अपनी इज़्ज़त और हाथ-पैर सलामत रहें तो बच्चों की क़िस्मत।

अवसर के विषय में कुछ विद्वाननुमा भुक्तभोगियों ने कहा है कि यह बार-बार नहीं आता। नेताओं की तरह हर पाँच साल में एक बार की दर से भी नहीं। इसलिए अवसर के लिए हम लोग प्रायः एड़ियाँ घिसते रहते हैं। अनेक लोग पदयात्रा करते रहे हैं। आजकल रथयात्राओं का भी चलन है। यों तो अवसरखोरों की पसन्दीदा यात्रा विदेशों की हवाई यात्राएँ ही हैं। पर मजबूरी है अपने यहाँ हवाई यात्राओं के रास्ते पदयात्राओं या रथयात्राओं से खुलते हैं।

सोचता हूँ अवसर आख़िर होता किसके पास है। सुना था लोकतन्त्र में सबके पास समान अवसर होते हैं। भारत में तो सबके पास समान अवसर नहीं हैं। या फिर सच्चा लोकतन्त्र नहीं है। या यह भी हो सकता है कि जिन-जिन के पास अवसर

है लोकतन्त्र उनका है। जिनके पास कोई अवसर नहीं है वो लोकतन्त्र में आदमी नहीं वोट होते हैं। वोट याने घटिया लोगों को बढ़िया अवसर दिलाने वाला एक पुर्जा, पूर्णतः स्वदेशी। सस्ता और थोक में मिलने वाला पुर्जा, भगवान की देन पुर्जा। जाति और धर्म की पोटलियों में बँधे ये पुर्जे किसके काम आते हैं, सिर्फ़ अवसरखोरों के ही तो। बहुत हुआ तो उन्हें एक कम्बल या एक साड़ी या एल्यूमीनियम का लोटा-थाली या एक बोतल दारू या दस का एक नोट मिल जाता है। उनकी यह पाँच साल की एक लोकतान्त्रिक उपलब्धि है। लोगों की ग़रीबी और भावनाओं से पोलो खेलना हमारे लोकतन्त्रीय महाराजाओं का प्रिय खेल होता जा रहा है। अब तो जिसकी लाठी उसका 'भोट' फिर टोपी वाला कितना भी मूर्ख या लल्लू क्यों न हो।

हड़बड़ी में कभी-कभी अवसर ऐसे व्यक्ति के सामने खड़ा हो जाता है जिसे ख़ुद दूर-दूर तक इसकी उम्मीद नहीं रहती। जैसे चन्द्रशेखर अपनी दाढ़ी में जूँओं की तरह साठ सांसद छुपाये देश के प्रधानमन्त्री बन गये और ग़रीबों के माथे मध्यावधि चुनाव में हवाई यात्राओं का करोड़ों रुपयों का बिल मढ़ गये। चौटाला नाम के प्राणी ने अवसर लूटा तो दिल्ली से मेहम तक बिजली के खम्भों पर टाँग ऊँची कर अपनी निशानी छोड़ते रहे। राष्ट्रीय स्तर की नेतागिरी में देवीलाल को चांस मिला तो उन्होंने जमकर अवसरों की राजनीति की और दो बार उप-प्रधानमन्त्री बन बैठे। देश का कम्पोस्ट खाद बनाते हुए उन्होंने अपनी भैंस के साथ बड़े ठाठ से सत्तासुख भोगा। हरियाणा की भैंसें वैसे भी क़िस्मतवाली होती हैं, फिर ताऊ की भैंस होना और बड़ी बात है। इसलिए उसे जब भी अवसर मिला वह राष्ट्रपति भवन के अहाते में शान से पोटे करती रही। राष्ट्रपति जी नाक दबाये दीवारों से सिर मारते रहे, पर आदरणीया भैंस को नहीं हटा पाये। प्रजातन्त्र है जी, राष्ट्रपति भवन में राष्ट्रपति और भैंस दोनों क्यों नहीं रह सकते। अगर खादी पहन ले तो भैंस को भी उप-प्रधानमन्त्री से लेकर प्रदेश संगठन मन्त्री तक कहीं भी एक कुर्सी दी जा सकती है। वो तो ताऊ को ख़याल नहीं आया वरना वे अपनी प्रिया भैंस को राष्ट्रीय पशु बनाने के लिए अड़ जाते, किसानों के हित में। राजनीति में जिसे भी अवसर की तलाश होती है वह सबसे पहले खादी धारण करता है। जिस तरह सफ़ेद साड़ी से पुराने समय में लोग समझ लेते थे कि ये दुखियारी विधवा है, ठीक इसी तरह खादीधारी को देखकर आज लोग अपने आप जान जाते हैं कि यह अवसर की तलाश में घूम रहा प्रजातन्त्र का भस्मासुर है। हमारी राष्ट्रीय नीति यह है कि जो हमारे अवसरों में बाधा बने उसे तुरन्त अवसर दो। कई लोग इसी पद्धति से बाधा बनते हुए ऊँचे स्थान पर पहुँच गये हैं और अब दूसरों को अवसर दे रहे हैं। आप भी अच्छे अवसर की तलाश में हैं तो सबसे पहले किसी के रास्ते में बाधा बनने का अवसर खोजिए।

गर्व से कहो कि हम सित्यासी करोड़ हैं

लीजिए, हो गये हम सित्यासी करोड़ से अधिक। आइए, बधाइयाँ दे डालें एक-दूसरे को। कोई मामूली बात है क्या! देश की जनता ने अपनी मेहनत और लगन से अनेक उपलब्धियों को हासिल किया है। गाँधी जी के पीछे जब लोग चल पड़े थे तो रोक सका कोई!...आज़ादी हासिल करके ही माने। दुनिया भर के लोग किसी-न-किसी काम में लगे हैं और आगे बढ़ रहे हैं। हम निकम्मे नहीं हैं, हम भी काम में लगे हैं। और जब तक नम्बर वन नहीं हो जाते, लगे रहेंगे। प्यारे देशवासियो, हम आज़ाद भारत के नागरिक हैं और अच्छी तरह समझते हैं कि आज़ादी का क्या मतलब है। आज़ादी का मतलब है पूरी आज़ादी, याने सुबह से शाम तक और शाम से सुबह तक की आज़ादी।

देश में बेरोज़गारी है। ठीक है, कोई बात नहीं, सुबह से शाम तक का ही प्राबलम है ना, चलेगा। हमारे तो संस्कार में है मोटा खाना, मोटा पहनना। सन्त कह गये हैं : सन्तोषी सदा सुखी। और फिर सारी दुनिया को हमने बता रखा है कि भारत एक ग़रीब देश है। किसी के सामने शान बघारने की इच्छा ही नहीं है हमारी। सब जानते हैं कि ग़रीब का अर्थशास्त्र कतई महत्त्वपूर्ण नहीं होता, असल चीज़ है उसका दिल और उसका अटल विश्वास कि बच्चे भगवान की देन होते हैं। ना जाने कितने लोग अपने पौन दर्जन बच्चे राष्ट्र को समर्पित कर कूच कर गये हैं। ग़रीब आदमी भारत माता को इससे अधिक और क्या भेंट कर सकता है! ज़माना विवेकानन्द और ताजमहल की चर्चा करते बोर हो गया है, वे अब हमारे देश को देवीलाल-लल्लूलाल और जनसंख्या के कारण याद करेंगे।

इन दिनों देश में कई कार्यक्रम चल रहे हैं। जैसे टी.वी. के कार्यक्रम, रेडियो के कार्यक्रम, परिवार नियोजन के कार्यक्रम आदि। लोग जब तक इच्छा होती है इन कार्यक्रमों में दिलचस्पी लेते हैं वरना बन्द कर देते हैं। फ़िल्म, चित्रहार, लोन मेले और ऋणमुक्ति के अलावा किसी दूसरे सरकारी कार्यक्रम में जनता की रुचि नहीं है। हालाँकि इन लोकप्रिय कार्यक्रमों के बीच में परिवार नियोजन के शिष्ट विज्ञापन दिखाये जाते हैं जिन्हें घर के बड़े-बूढ़े, समझदार और ग्रीन कार्डधारी ही गम्भीरता से लेते हैं और उठकर बाहर आते हुए अपने बड़प्पन की रक्षा करते हैं। जिन लोगों के लिए ये विज्ञापन हैं वे मानते हैं कि बच्चे भगवान की देन होते हैं। भगवान जब

दे रहा है तो कुछ सोच-समझकर ही दे रहा होगा। इन दिनों जब धर्म की लहर चल रही है, कोई साधारण आदमी भी इस बात का स्पष्ट निर्णय ले सकता है कि उसे सरकार पर भरोसा करना चाहिए या भगवान पर। वैसे भी भरोसे की सरकार अब कहाँ है! हम जानते हैं कि ईश्वर बड़ा दयालु है। वह सबको देता है, छप्पर फाड़कर देता है, किसी को नहीं चाहिए फिर भी भूल-चूक में दे देता है। इसमें हम जनता लोगों की क्या ग़लती। ईश्वर जो करता है अच्छा ही करता है। मनुष्य तो कठपुतली है, जिसकी डोर ऊपर वाले के हाथ में है। उसकी मर्ज़ी के बिना तो पत्ता भी नहीं खड़कता। इसलिए यदि कुछ लोग यह सोचकर दुबले हो रहे हैं कि जनसंख्या बहुत तेज़ी से बढ़ रही है और इसका कारण जनता की अशिक्षा और अज्ञानता है, तो मैं कहूँगा कि वे नास्तिक हैं। ऐसे लोगों को डूब मरना चाहिए चम्मच भर प्रदूषित पेयजल में, ताकि आनेवालों के लिए और स्थान ख़ाली हो सके।

हमारे देश में गर्व करने की एक गौरवशाली परम्परा रही है जिसे हम लोग इक्कीसवीं सदी में जाने के चक्कर में भूलने लगे थे। लोग समझते हैं कि आदमी आगे बढ़कर ही गर्व कर सकता है, ऐसा कतई नहीं है। एक बार गर्व करने की मन में ठान लो तो पीछे खिसककर भी गर्व किया जा सकता है। करनेवाला हो तो बिना कारण भी गर्व कर सकता है। अपना निजी गर्व है, जब चाहा किया जब चाहा नहीं किया। आदमी की नाक के नीचे बाल उगते हैं, इसमें प्रकृति का नियम है आदमी का कोई प्रयास नहीं, पर उन बालों को मरोड़-मरोड़कर वह आज तक गर्व कर रहा है। किसी माता को पाँच पुत्र हो गये तो वही गर्व का कारण बन गये। कल इन्हें ब्याहा जाएगा, बहुएँ आएँगी। कोई पूछेगा तो वे गर्व से कहेंगी 'मैं इनकी सास हूँ'। साहबों को अपनी मेम साहबों पर और मेम साहबों को अपने अल्सेशियन डाग पर गर्व है। आजकल गर्व का क्षेत्र बढ़ गया है और लोग अपने टी.वी. तक पर गर्व करने लग पड़े हैं। सारे देश का ध्यान इन दिनों राजनीति पर है। परन्तु अब राजनीति में गर्व करने लायक कुछ रह नहीं गया है। फिर भी सब गर्व करने के मूड में हैं। कुछ को मण्डल पर गर्व है तो कुछ को कमण्डल पर। कुछ लोग पदयात्रा पर, कुछ रथयात्रा पर और कुछ अपनी स्थिरता पर गर्व कर रहे हैं। बहुत से पार्टी-सिपाहियों को चालीस वर्षों पर गर्व करने का आदेश हुआ है तो कोई चार महीनों पर गर्व कर रहा है। किसी ने बन्दूक पर, किसी ने कृपाण पर, किसी ने डण्डे और झण्डे पर, किसी ने अपने बन्दों पर गर्व करने की ठान ली है, कर लो जो करना है।

किसी ने मुझे समझाया कि सारे गर्व करने में लगे हुए हैं, बहती गंगा में हाथ धो लो और तुम भी गर्व करो। और मैंने लोगों को गर्व से बता दिया कि मैं हिन्दू हूँ। सोचा था लोग बढ़कर गले लगा लेंगे लेकिन वे किसी राजनीतिक दल के नहीं संस्कृति के प्रभाव में थे। बोले सिर्फ़ हिन्दू होने का क्या मतलब है, ब्राह्मण हो, क्षत्रिय

हो या वैश्य यह बताओ और उसके हिसाब से जितना अलाउड है बस उतना ही गर्व करो।

मुझे तो लगता है किसी भी तरह का गर्व करें उसमें कहीं न कहीं से प्रश्नचिह्न लग ही जाता है। अब हमें प्रामाणिक रूप से गर्व करने की आवश्यकता है। ईशकृपा से हम सित्यासी करोड़ हो गये हैं। इस पर गर्व करना हमारा कर्तव्य है। वैसे तो विश्व में दूसरा स्थान होना भी छोटी उपलब्धि नहीं है। माहौल बना रहा तो कल हम नम्बर वन होंगे ही। चारों तरफ़ से आवाज़ आ रही है कि हम होंगे कामयाब, हम होंगे कामयाब एक दिन...। तो आइए गर्व से कहें हम सित्यासी करोड़ हैं।

ग्रीटिंग कार्ड का गणित

आदमी भला-चंगा है, ख़ूब माल बना रहा है, राजनीति में भी काफ़ी 'इन्वेस्ट' कर रखा है, भाड़े के दो-चार 'पेलवान' भी गेरेज में पड़े रहते हैं, बीवी सुन्दर-सुशील और गृहकार्य में दक्ष है, ससुराल बढ़िया है याने इनकम टेक्स-पेयर है, लौण्डे कान्वेण्ट में जाते हैं, एक 'सनम' भी है आशिकी के लिए, कहीं कोई कष्ट नहीं, हम हैं कि उलझे जा रहे हैं शुभकामनाएँ देने के लिए। दीवाली है इसलिए ग्रीटिंग्स देना है लेकिन सूझ नहीं रहा है कि क्या लिखें। सब तरफ़ से तो ओ. के. है बन्दा। दीवाली तो रोज़ ही होती है उसकी। बेचारे को कभी-कभी अपने फ़ार्म हाउस पर जाकर 'नान दीवाली डे' मनाना पड़ता है। ऐसे में उसे लिखें तो क्या लिखें?...

जब कुछ सूझे नहीं तो गम्भीरतापूर्वक सोचने लग पड़ना चाहिए। सिद्धान्त ये है कि सोचते समय दृष्टि आकाश की ओर हो। 'सोचक' अगर घर में बैठा हो और खिड़की उपलब्ध न हो या खिड़की से आकाश नहीं केवल पड़ोसी की खिड़की दीखती हो तो सोचने के लिए छत को देखते हुए काम चलाया जा सकता है। छत में पंखा लगा हो और चल रहा हो तो विचार की क्रिया तेज़ हो जाती है। इसलिए प्रायः लोग गरमी के मौसम के पड़े-पड़े सोचने का काम करते रहते हैं। इन दिनों मौसम अच्छा है। वैसे बढ़ती जनसंख्या वाले देश में बढ़िया मौसम एक अभिशाप होता है। लेकिन इससे क्या, मौसम अच्छा है याने गरमी नहीं है और मेरा सीलिंग फैन बन्द है। इसी कारण मुझे कुछ सूझ नहीं रहा है। सोचता हूँ कि पंखा चला लूँ लेकिन नहीं, मैं एक ज़िम्मेदार नागरिक हूँ। फ़िजूल बिजली जलाना उचित नहीं है। सरकार समझा रही है—बिजली की बचत ही बिजली का उत्पादन है। लेकिन कार्ड पर ऐसा तो नहीं लिख सकता। 'दीवाली मंगलमयी हो' लिखना कोई अर्थ नहीं रखता।

बारह महीने का दिन है कुछ ऐसा लिखना चाहिए कि अगले का दिल खुश हो जाए, लगे कि उसके लिए दुआ की गयी है। जिनकी शादी को पाँच साल हो गये हों उन्हें तो बेधड़क लिखा जा सकता है कि आनेवाले साल में आपको सुख-शान्ति मिले। कई बार लोगों को कार्डों से पता लगता है कि उन्हें किस बात की कमी है। जैसे मेरे लिए मित्र लिखते हैं कि "इस दीपोत्सव से आपको ज्ञान का प्रकाश मिले और समाज में आपकी मानवृद्धि हो।" नादानी ही थी कि शुरू-शुरू

में हम कुछ समझे नहीं और ख़ुश होते रहे। दरअसल, उस समय कार्ड देखने का हमारा ढंग ही अलग था। बड़ा कार्ड देखकर तबीयत छम्म-छम्म हो जाती। सावधानी से निकालते—आह कितना चिकना, लगता भेजनेवाले ने गालों तक हस्तक्षेप कर दिया हो। कार्ड की रंगीनी, सुन्दरता और लम्बाई-चौड़ाई, बस। अन्दर आंग्ल भाषा में लिखा बाँचने की जहमत हम क़तई नहीं उठाते। हाँ, कार्ड के पीछे, कोने में कहीं पेंसिल से उसकी क़ीमत लिखी होती है, उसे अवश्य देख लेते। कई बार सस्ता कार्ड मिलता—बारह आनेवाला। बुरा लगता, अच्छा बेटा बड़े सस्ते में टरका दिया, बच्चू मैं दो साल से ढाई रुपये वाला भेज रहा हूँ, शर्म नी आयी। ठीक है बेटा, अगले साल तीस पैसे वाला नी भेजा तो मेरा नाम नहीं।

हमारे चेहरे को पढ़ते हुए श्रीमती जी पूछतीं, "कार्ड आया है? किसका है?" हमें ताव आ जाता है। जब कोई अच्छा कार्ड आता है तो नहीं पूछतीं कि किसका है। बारह आने वाला आया तो पूछ रही हैं किसका है। पता नहीं औरतों को इज़्ज़त में पंचर मारने के सही अवसरों का ज्ञान कैसे हो जाता है। लेखकों से सम्पादक और बीवी अकसर खेद सहित पेश आते हैं इसलिए अपमान का घूँट पीने और गम खाने की उन्हें आदत होती है। सो कह दिया, "ऊँह...राजेश का है। बारा आनेवाला भेजा है। अबकी आये तो चाय मत पिलाना, बोल देना दूध फट गया है।"

चाय के झंझट से मुक्ति की प्रसन्नता में वे बोलीं, "और नहीं तो क्या, तुम्हीं ज़बान हिला देते हो—ज़रा चाय ले आना। इनसे तो अपने पड़ोसी प्रोफ़ेसर साब अच्छे। पिछली बार अपन ने डेढ़ रुपयेवाला कार्ड भेजा था और उनका चार रुपयेवाला आया था। चाहते तो वो भी खिड़की से हाथ निकाल के कार्ड पकड़ा देते। पर नहीं, उन्होंने अठन्नी के टिकिट चोंटा के बाक़ायदा डाक से अपना कार्ड भेजा। इसे कहते हैं सलीका। पढ़े-लिखे आदमियों की तो बात ही अलग होती है। जब सरकार ने डाक की व्यवस्था कर रखी है तो उसके प्रयोग में ही समझदारी है।"

"पढ़े-लिखे तो हम भी हैं और शादी से पहले दो कार्ड तो तुम्हें भी भेजे थे डाक से। उस ज़माने में भी पाँच-पाँच रुपये वाले थे, लेकिन तुम्हारे दिल में हमारे लिए दो कौड़ी की इज़्ज़त नहीं है।" हमने शिकायत की।

"अब मेरा मूँ मती खुलवाओ, वोई दो चिकने कार्ड थे जिनपे फिसल के मैं इस खड्डे में आ गिरी और आज तक पड़ी हूँ।"

"चलो छोड़ो भी, भई हम तो इसलिए कार्ड डालते हैं कि मौक़ा भी होता है, दस्तूर भी और सबसे बड़ी बात तो यह है कि हमें ख़ुद अच्छा लगता है। ख़ुशी का समय हो और किसी को याद कर लो उसका असर दुगुना हो जाता है।" इज़्ज़त बचाने के लिए हमने बात दूसरी तरफ़ घुमायी।

"डाक की दर भी दुगुनी हो गयी है, यह भी याद है कि नहीं? पहले अठन्नी का टिकिट लगता था अब एक रुपये वाला चोंटाना पड़ेगा सरकार की मेहरबानी

से।" वे शुभकामनाओं के अर्थशास्त्र की ओर मुड़ीं।

"ऐसा करूँ, प्रधामन्त्री को एक कार्ड डाल दूँ, कैसा रहेगा?"

"क्यों? तुम्हारी शुभकामना के बग़ैर उनकी सरकार गिर जाएगी क्या? बिना बात तीन रुपये बरबाद करोगे।"

"अरी भागवान, काँटों की कुर्सी पे बैठा है हमारा प्रधानमन्त्री। देश के नागरिकों की ओर से उन्हें शुभकामना होना कि नहीं होना?...छोड़ो भी, तुम्हारे मुकाबले मेरा राजनीतिक ज्ञान शून्य है। मेरी समस्या दूसरी है। समझ में नहीं आ रहा है कि क़िस्मतवाला जी को शुभकामंना में क्या लिखूँ।"

"मेरी मानो तो लिखो ही मत। कार्ड और डाक दर दोनों दुगुने हो गये हैं इसलिए आधे लोगों को ही भेजो।"

"ऐसा कैसे हो सकता है? किसे भेजूँ और किसे छोड़ दूँ?"

"किसी ने ठीक ही कहा है कि मर्दों की अकल मूँछों में होती है और फिर तुम तो सफ़ाचट हो। कम-से-कम अपने दोस्तों से कुछ सीख लिया होता। उनका कार्ड कैसा आता है—शुभकामनाएँ मिलीं, धन्यवाद! मेरी ओर से भी...। तुम भी पच्चीस कार्ड लेकर बैठे रहो। जिसका आए, बस उसी को डालो। इस हाथ लो उस हाथ दो। जीवन में कुछ व्यावहारिक बातें भी सीखो।"

"हे भगवान, मेरी बीवी को कुछ सद्बुद्धि दे।"

"और हे भगवान, मुझ पर दया कर और मेरे पति को केवल बुद्धि दे।"

ऊपर वाला भी महिलाओं की फ़रियाद जल्दी सुनता है। हमारे हाथों में हरकत हुई और उस बन्दे के लायक शुभकामनाएँ लिखने लगा—प्रियवर, नये साल में तुम्हारे प्रतिस्पर्धियों को तुमसे कम लाभ मिले। उनके यहाँ छापे पड़ें और तुम साफ़ बचे रहो। नयी, मनपसन्द और समर्पित स्टेनो मिले। बीवी-बच्चोंवाले घर के अलावा बढ़िया फ्लैट में 'स्टेपनी घर' भी हो ताकि सुख और शान्ति दोनों का आनन्द प्राप्त करो। हार्दिक शुभकामनाओं सहित—तुम्हारा ही,...।

कैसे बनाएँ बोनसैंया

आइए, आज हम अपने इस कार्यक्रम में बहनों को बोनसैंया बनाने की विधि बताते हैं। जैसाकि आप सब जानते हैं कि आजकल ड्राइंगरूम की सजावट के लिए लोगों का ध्यान और रुचि अधिक होती जा रही है। बाहर जो चीज़ें बड़ी-बड़ी हैं, यदि उन्हें सजावट के लिए उपयोग करना है तो उनका छोटा होना आवश्यक है। जैसे पीपल या बड़ का वृक्ष जो बाहर विशाल हो सकता है लेकिन बोनसाई बनाकर उसे ड्राइंगरूम में अच्छी तरह रखा जा सकता है। इसी तरह पति भी बाहर कितना ही बड़ा क्यों न हो, घर में उसे बोनसाई बना लेने से घर की शोभा बढ़ती है। ऐसा करना गृहिणी की कुशलता और दक्ष कलाकार होने का प्रमाण भी माना जाता है। वैसे तो बोनसैंया बनाने की कला विदेशों में लोकप्रिय रही है लेकिन पिछले दो-तीन दशकों से भारत में भी इसका प्रचलन देखा जा रहा है। इन दिनों महानगरों में महिलाएँ बोनसैंया बनाने की कला सीखने में विशेष रुचि ले रही हैं। आज हमारे स्टूडियो में बोनसैंया विशेषज्ञ अनीता देवी जी उपस्थित हैं। आप पूरी तरह से इस कला में दक्ष हैं। आपने बाहरी दुनिया में प्रभावशाली अपने नेतापति को बहुत ही सफ़ाई से बोनसैंया बनाया है। जब अनीता जी ड्राइंगरूम में उन्हें खिड़की के पास रख देती हैं तो कमरे की सजावट आकर्षक लगने लगती है। आइए हम उनसे इस कला के विषय में कुछ बातें करते हैं–

"नमस्कार अनीता जी, स्टूडियो में आपका स्वागत है। सबसे पहले बहनों को यह बताइए अनीता जी, कि बोनसैंया बनाने की प्रेरणा आपको कब मिली?"

"शादी के बाद। दरअसल, बोनसैंया ऐसी कला है जिसे शादी के बाद ही सीखना चाहिए।"

"ऐसा क्यों?"

"वास्तव में यह बहुत ज़रूरी है। बहनें समझ लें कि दूसरे के पति को बोनसैंया नहीं बनाया जा सकता। इस कला में कई तरह के प्रयोग करने होते हैं इसलिए निजी पति होना ही ठीक रहता है।"

"यह तो आपने अच्छा बताया। आशा है दर्शक बहनें ध्यान रखेंगी कि बोनसैंया बनाने का प्रयास शादी के बाद ही करें। अच्छा अनीता जी, इसकी विधि बताइएगा। कैसे बनाते हैं बोनसैंया?"

"सबसे पहले तो जिनके पास पति नहीं हो वो अच्छी नस्ल का एक पति ढूँढ़ लाएँ।"

"लेकिन अनीता जी, जिनका विवाह हो चुका हो और पति की नस्ल अच्छी न हो तो क्या वो बोनसैंया नहीं बना सकेंगी?"

"वैसे तो किसी भी क़िस्म के पति का बोनसैंया बनाया जा सकता है, लेकिन कुछ पति गमला प्रजाति के होते हैं। इनका बोनसैंया बनाने से वे इतने छोटे हो जाते हैं कि बड़े ड्राइंगरूम के लायक नहीं रहते। वैसे भी बड़े प्रभाववाले पति का बोनसैंया बनाना ही असली कला है।"

"यहाँ एक सवाल पूछना चाहूँगी अनीता जी, कि गमला प्रजाति के पति और अन्य क़िस्म के पति में अच्छा कौन-सा होता है?"

"देखिए, ऐसा है कि पति एक उपयोगी चीज़ है इसलिए इसका चुनाव और रख-रखाव पूरी सावधानी से करना चाहिए। यदि आपके पास गमला प्रजाति का पति है तो इसमें अधिक प्रयोग करने की आवश्यकता नहीं है। क्रोटन के पौधे की तरह ये किसी भी कोने में रखे जा सकते हैं। इन्हें ज़्यादा धूप की ज़रूरत नहीं होती इसलिए ये अधिक समय घर में ही रखे जा सकते हैं।"

"बहनों के लिए इससे अधिक अच्छी बात और क्या हो सकती है कि पति घर में ही शोभा बढ़ाता रहे। अनीता जी, हमारी बहनों को यह भी बताइए कि गमला प्रजाति के पतियों की पहचान क्या होती है?"

"इस प्रजाति के पति प्रायः पढ़े-लिखे होते हैं। लेखक, कवि, चित्रकार, संगीतकार, शिक्षक आदि के रूप में ये अधिक पाये जाते हैं। जैसा कि पहले ही बता चुकी हूँ कि ये क्रोटन की तरह केवल शोभा की चीज़ हैं। चूँकि इनसे आर्थिक 'फल' नहीं मिलते हैं इसलिए इन्हें 'सेकण्ड्स का माल' समझा जाता है। प्राथमिकता के आधार पर जहाँ तक सम्भव हो इन्हें नहीं चुना जाता है। भावुकतावश, मूर्खतावश या बदक़िस्मती के कारण ऐसे पति किसी-न-किसी के पल्ले पड़ ही जाते हैं।"

"आपके कहने का मतलब यह है कि प्रयास यही होना चाहिए कि बड़ी प्रजाति का पति चुना जाए और फिर उसे बोनसैंया बनाया जाए।"

"हाँ, आप ठीक कह रही हैं। तो पति उपलब्ध कर लेने के बाद सबसे महत्त्वपूर्ण क़दम यह है कि आप अपने को योग्य बना लें। यदि पत्नी का व्यक्तित्व आकर्षक नहीं होगा और उसकी बातों में मधुरता और दृढ़ता की मिश्रित प्रभावशीलता नहीं होगी तो उसे सफलता नहीं मिलेगी। कभी प्यार से, कभी रूठकर तो कभी गुस्से से पति पर दबाव डाला जा सकता है।"

"अनीता जी, दबाव से आपका क्या मतलब है और इसकी क्या ज़रूरत है?"

"जिस तरह बाल सेट करने के लिए ब्यूटी पार्लरवाले बालों की काट-छाँट करते हैं या माली किसी पौधे की बेतरतीब डालियों को काटकर उसे अपना मनपसन्द

आकार देता है, ठीक इसी तरह (अपने) पति को मनपसन्द 'शेप' देने के लिए उसकी मूल आदतें बदलना ज़रूरी है। आमतौर पर मर्द बड़े ढीठ क़िस्म के होते हैं। यदि उन्हें सीधे-सीधे कहा जाए तो वे नहीं मानते। उन्हें कलात्मक तरीक़े से कहना होता है तब वे तुरन्त सुझाव ग्रहण कर लेते हैं।"

"ये कलात्मक तरीक़े कौन से हैं, बहनों को बताइए ज़रा।"

"बोनसैंया बनाने के सात फ़ार्मूले हैं। इन पर अमल करने से कैसा भी पति क्यों न हो बोनसैंया बनाया जा सकता है। फ़ार्मूला हैं—

1. बहनों को खाना बढ़िया बनाना आना चाहिए। वैसे तो अच्छा खाना किसे पसन्द नहीं होता परन्तु अधिकांश पति चटोरे होते हैं। हमें उनकी इस कमज़ोरी का लाभ उठाना चाहिए। भोजन से तृप्त पति तात्कालिक रूप से पिलपिला हो जाता है। ऐसे में आप जैसा चाहें 'शेप' दे सकती हैं। हफ्ते में कम-से-कम पाँच दिन इस फ़ार्मूले का उपयोग करते रहना चाहिए।

2. विशेष अवसरों पर तो बहनों को सजना-सँवरना आवश्यक प्रतीत होता है कि लेकिन घर में वे इसके प्रति लापरवाह हो जाती हैं। ख़ास करके शादी के दो-चार साल बाद। घर में, विशेष रूप से जब पति मौजूद हों, थोड़ा टिपटाप रहना बहुत लाभदायक रहता है। इससे आपका प्रभाव लगातार बना रहता है। वे इधर-उधर ताक-झाँक भी नहीं करते हैं या यों कहें कि उन्हें इसकी ज़रूरत नहीं पड़ती है। इस सम्मोहन के साथ आप उन्हें अपना कहा मानने के लिए बाध्य कर सकती हैं।

3. कभी किसी कारण से पति चिन्तित या परेशान-से रहते हैं। ऐसा हो तो शान्त वातावरण में उनका सिर आदि दबा दें। इससे उन्हें राहत मिलेगी, साथ ही साथ, वे आपके प्रति अधिक उदार हो उठेंगे। इस स्थिति में वे आपकी बातें मानने से इनकार नहीं करेंगे।

4. सदियों से बड़े-बड़े तपस्वी नारी की मोहक मुस्कान से गृहस्थ होते रहे हैं। आज भी दुनिया में अनेक राजनीतिक घटनाओं के पीछे स्त्रियों की छोटी-सी मुस्कान होती है। यदि पति के तेवर 'स्कड' हों तो आप अपनी 'पेट्रियाट' मुस्कान से उसे मैदान में आने से पहले ही समाप्त कर सकती हैं।

5. कई बार बहनें अपने पति की तुलना दूसरों के पति से करती हैं। यह ठीक नहीं है। अपना पति केवल अपना है चाहे जैसा हो। समझदारी यह है कि उसमें गर्व करने लायक कुछ भी न हो फिर भी ऐसा व्यक्त करना चाहिए कि हमें उस पर गर्व है। ऐसा करने से पति जी हमेशा एक खुशफ़हमी (ग़लतफ़हमी) में रहते हैं। ऐसे में आपकी किसी बात का विरोध करने का विचार भी उनके मन में नहीं आ सकता है।

6. आदमी कितना ही बढ़िया क्यों न हो उसमें कुछ-न-कुछ दोष होता ही है।

इसी प्रकार कोई कितना ही घटिया हो तो भी उसमें कुछ-न-कुछ अच्छा होता है। पति में इस तरह की कुछ अच्छाइयों को ढूँढ़ कर प्रशंसा की जानी चाहिए। न हो तो कभी-कभी झूठी प्रशंसा करने में भी कोई हर्ज नहीं है। संसार में प्रत्येक को प्रशंसा सुनना अच्छा लगता है। यह मनुष्य की बहुत बड़ी कमज़ोरी है और हमें इसकी असलियत समझते हुए लाभ लेना चाहिए। जैसे पति की धूम्रपान की आदत छुड़ाना हो तो पहले कुछ दिनों तक उनकी प्रशंसा कीजिए कि वे बहुत ही 'स्ट्रांग विल पावर' वाले व्यक्ति हैं। उन्हें इस ग़लतफ़हमी में डूबने का पूरा मौक़ा दीजिए, फिर किसी अवसर पर उन्हें इसके लिए राजी कर लीजिए।

7. बहनें यदि प्रयास करें तो वे अपने पति से भी मधुरता से बोल सकती हैं। उपर्युक्त छः फ़ार्मूलों के साथ यदि मधुर बोल और जुड़ जाएँ तो जादू का असर हो सकता है। तब आप देखेंगी कि न केवल वे आपकी बात ही मान रहे हैं बल्कि आपकी अँगुलियों पर नाचने के लिए तैयार रहते हैं। आप जब कहेंगी तब उठेंगे, जब कहेंगी बैठेंगे।"

"वाह अनीता जी! फ़ार्मूले तो वाकई बहुत अच्छे हैं। अब यह बताइए कि इनका प्रयोग कब करना चाहिए?"

"वैसे तो इनका प्रयोग कभी भी किया जा सकता है किन्तु शादी के प्रारम्भिक वर्षों में इसके परिणाम बहुत अच्छे निकलते हैं। क्योंकि शादी के एक-दो वर्षों तक आमतौर पर पति की अक्ल काम नहीं करती है।"

"पति की कौन-कौन-सी आदतों पर दबाव डालकर उन्हें बोनसैंया बनाया जा सकता है?"

"यह तो बहनों की अपनी पसन्द पर निर्भर करता है कि उन्हें अपने पति में क्या परिवर्तन करना है। यह अलग-अलग व्यक्ति पर है याने कि पति कैसा है और पत्नी क्या चाहती है। लेकिन इससे कोई फ़र्क़ नहीं पड़ता है। मेरे बताये फ़ार्मूलों से आप जैसा चाहें पति को ढाल सकती हैं। यह आपके कौशल पर है।"

"बहुत-बहुत धन्यवाद अनीता जी, आपने हमें बहुत ही उपयोगी जानकारी दी। आशा है बहनें इससे लाभ उठाएँगी और यदि कोई कठिनाई हो तो आप हमें पत्र लिख सकती हैं, हम अनीता जी से उनके उत्तर आपको दिलवाएँगे। नमस्कार!"

सोने से खोने तक

"कमाल हो गया, इतनी महँगाई है!! पता नहीं लोग जी कैसे रहे हैं। गेहूँ, दाल-तेल सबके भाव आसमान पर हैं।" अख़बार में बाज़ार भाव की नयी सूची देखकर मैंने कहा।

"अच्छा हुआ अपन ने गेहूँ भर लिया। दाल और तेल भी भर लेते तो कितना अच्छा होता। मैं तो कह रही थी पर तुम सुनो जब ना।" श्रीमती जी ने हमारी मूर्खता और अपनी दूरदर्शिता को एकसाथ प्रमाणित करते हुए उत्तर दिया।

"टी.वी. और फ्रिज़ भी बहुत महँगे हो गये हैं।" अगर अपने पास ज़रूरत की चीज़ें मौजूद हों तो प्रायः महँगाई अच्छी लगने लगती है।

"ये तो अपने पास हैं। शादी के समय मैंने पापाजी से कह दिया था कि और चाहे कुछ दो या न दो पर टी.वी. और फ्रिज़ ज़रूर दो।" उन्होंने घर की शान में अपने योगदान का स्मरण कराते हुए हमें फिर छोटा किया।

"बीवी हो तो तुम्हारे जैसी, अच्छा किया तुमने वरना आज ये चीज़ें अपने लिए सपना ही होतीं। आदमी की शादी क्या होती है सारे सुख छप्पर फाड़कर मिल जाते हैं।" आभारी होते हुए हमने कहा।

"अब रहने दो, मैं ही थी जो ले आयी वरना तुमसे तो माँगा ही नहीं जाता। लल्लू थे पूरे।"

"ऐसा क्या कह रही हो! अगर तुम नहीं लातीं तो मैं दिलाता। आप हुकुम तो कीजिए सरकार!" परम्परागत पौरुष के आधार पर हमने यूँही बोल दिया।

"ज़रा देखो तो अख़बार में सोने का क्या भाव है?"

"स...सस...सोने का भाव है पाँच हज़ार का दस ग्राम।"

"अपनी शादी के समय सात सौ था। अभी और बढ़ेगा क्या?"

"बढ़ सकता है।" हमें आनेवाले ख़तरे का आभास होने लगा।

"तो थोड़ा-सा सोना ख़रीद लो।" आदेश देने के अन्दाज़ में वे बोलीं।

"ठीक है, इस बार गेहूँ नहीं ख़रीदेंगे, 'थोड़ा-सा' सोना ख़रीद लेंगे।" हमने अपनी औकात का खुलासा करते हुए कहा।

"गेहूँ के बदले सोना लोगे? तो फिर खाएँगे क्या?" उन्होंने तत्काल अपना विरोध दर्ज किया।

"भई तुम्हीं ने कहा इसलिए सोच रहा था कि इस बार गेहूँ नहीं भरते, सोना भर लेते हैं।"

"कमाल करते हो तुम भी, गेहूँ के बदले भी सोना लेता है कोई?"

"तो फिर इस बार कपड़े नहीं बनवाएँगे, इसी से चल जाएगा। पानी कम बरसा है इसलिए शायद ठण्ड भी कम ही पड़ेगी। क्या ख़याल है?" हमने सोचा कि तमाम मजबूरियों को सुन-समझकर वे मोह से स्वयं को मुक्त कर लेंगी।

"कान खोलकर सुन लो, खाने-कपड़े में कोई कटौती नहीं हो सकती। ज़िन्दा आदमियों के लिए जितना कम-से-कम हो सकता है उतने में ही चल रहा है। इससे कम में तो बस रोबोट के साथ गृहस्थी चल सकती है।" घर की आर्थिक विवशताओं के पास आते हुए वे बोलीं, हम खुश हुए।

"शादीशुदा आदमी रोबोट ही तो होता है, मैडम।"

"रोबोट में खुद अपनी अकल नहीं होती, वह तो बस दिये गये आदेशों का पालन करता है।"

"ठीक ही तो है, हममें भी कौन-सी अकल है। तुम्हारे आदेशों का पालन ही तो करते रहते हैं बिना देर किये।" हमने सोचा, चलो सोने की बात ख़त्म हुई।

"बड़े आये आदेशों का पालन करने वाले। ज़रा-सा सोने के लिए कहा तो रोटी-कपड़े पर बन आयी।" मुँह फेरते हुए वे पिनपिनायीं।

"सोना ज़रूरी तो नहीं है, फिर क्यों मूड ख़राब करती हो?"

"ज़रूरी भले ही नहीं हो पर मेरी इच्छा है।"

"चलो माना, पर इसके लिए कुछ तो कटौती करना ही पड़ेगी। और कोई उपाय नहीं है।"

"किसी से रुपये उधार ले लो ना!" संकटहरण मुद्रा में उन्होंने तत्काल उपाय सुझा दिया।

"किस दुनिया में रह रही हो तुम, आजकल आदमी तो आदमी भारत जैसे राष्ट्र को भी बिना कुछ गिरवी रखे उधार नहीं मिलता। अपने पास क्या है गिरवी रखने को?"

"थोड़ा-सा सोना है" अपनी निजी गुडविल के साथ वे बोलीं।

"परन्तु सोना ख़रीदने के लिए सोना गिरवी रखना ठीक होगा क्या?"

"फिर? कोई उपाय नहीं है क्या?"

"देखो यदि कुछ ख़र्चे कम हो सकते हों तो कोशिश करने में क्या बुराई है।"

"बिजली का बिल बहुत आता है।" अचानक उन्हें कुछ व्यावहारिक सूझा।

"हाँ, ये ठीक है, आज से ही बिजली की किफ़ायत करते हैं। बिना ज़रूरत अब कोई लाइट नहीं जलेगी और..."

"हो चुकी ऐसे तो बचत और ले लिया तुमने सोना।" माथे पर हाथ ठोंकते

'क़िस्मत फूट गयी हमारी' का भाव व्यक्त करते हुए वे बोलीं।

"क्यों इसमें क्या है?"

"बिजली के पैसे ऐसे बचते हैं क्या? हमारे यहाँ कौन-सी फ़ालतू बिजली जलती है जो कटौती करोगे?"

"फिर?"

"फिर क्या, मीटर को एडजेस्ट करवाओ किसी से। रीडिंग कम आना चाहिए। बिजली तो उतनी ही जलेगी।"

"किसी को पता चल गया भागवान तो बिजली कट जाएगी, चोरी का आरोप लगेगा और जुर्माना होगा अलग से।" हम समझ नहीं पाये कि घरेलू महिला को भ्रष्टाचरण का ज्ञान कैसे हुआ।

"वो कोने वाले शर्माजी की कटी? उन्हें हुआ जुर्माना? कितनी लाइट जलाते हैं, बारहों महीने दीवाली रहती है उनके यहाँ। और बिल हमसे भी कम आता है। खुद उनकी लड़की बता रही थी।"

शर्माजी की इस कारगुज़ारी से हम भी परिचित थे, लेकिन यह कोई गायत्री मन्त्र है कि उन्होंने कान में फूँका और दूसरे अनुकरण करने लगें ही। फिर भी उनकी भिन्न स्थिति से परिचित कराते हुए हमने कहा, "जानती हो उनके चाचा कितने बड़े आदमी हैं! और उनका छोटा भाई युवा नेता है। थानेवाले भी उनके ख़िलाफ़ रिपोर्ट नहीं लिखते हैं, इतनी इज़्ज़त है उनकी। खुद शर्माजी अपने ज़माने के नामी पहलवान रहे हैं। अगर वे केवल बिजली चुरा रहे हैं तो समझो देश पर कृपा कर रहे हैं वरना ऐसे लोग तो दिल्ली-भोपाल सब बेच दें टेण्डर बुलाकर। भला उनकी अपनी क्या बराबरी।"

"इसका मतलब यह है कि सोने की गुंजाइश नहीं है।"

"यही मान लो मैडम, फिलहाल अपने छोटे बिछौने में सोने का कोई स्थान नहीं है। पुराने कह गये हैं कि चादर देखकर पाँव पसारना चाहिए।"

"ठीक है, मान लेते हैं परन्तु यह बताओ कि दूसरे लोग सोना कैसे ख़रीद लेते हैं जबकि कमाते तो वे तुम्हारे बराबर हैं या फिर तुमसे भी कम?" उन्होंने शोधकार्य आरम्भ किया।

"करते होंगे उल्टे-सीधे काम, अपने को वो सब नहीं करना। अपनी इज़्ज़त...।"

बीच में हस्तक्षेप करते हुए वे बोलीं, "इज़्ज़त!! इज़्ज़त का मतलब समझते हो तुम? बिना सोना किसी की इज़्ज़त हुई है इस समाज में? तुम तो अपने दफ़्तर और घर के चक्कर में दिन काट देते हो लेकिन मुझे तो चार लोगों में बैठना पड़ता है। सोना नहीं होने से कितना नीचा देखना पड़ता है यह तुम क्या जानो। उल्टा करो या सीधा, पर सोने का कोई-न-कोई उपाय करो। साफ़ बात।"

"उल्टे-सीधे के चक्कर में अगर कहीं पकड़ा गया तो जितनी इज़्ज़त है उस पर पानी फिर जाएगा।"

"पहली बात यह कि डरो मत, पानी फिरवाने लायक इज़्ज़त बनी ही नहीं हमारी। ज़माने भर में लोग कर रहे हैं, वो तो नहीं पकड़े जाते। एक तुम्हीं हो जो पकड़े जाओगे?"

"लेकिन..."

"लेकिन-वेकिन कुछ नहीं, आज से आप छः महीने तक ऑपरेशन गोल्ड पर काम करेंगे।" अन्तिम आदेश देते हुए उन्होंने प्रकरण समाप्त किया।

"सुनो तो, मैं एक ईमानदार आदमी के रूप में जाना जाता हूँ। ऐसा कैसे कर पाऊँगा?"

"इसमें क्या कठिन है, जब सरकार आर्थिक नीति बदलकर अपना सोना छुड़ा सकती है तो तुम्हें भी सोने के लिए अपनी आर्थिक नीति बदल लेनी चाहिए।"

"पकड़ा गया तो यही सरकार हमारी बारह बजा देगी, समझीं?"

"सरकार के संकेतों को समझो और मिल बाँटकर खाओ। अपना चाहे जैसे कमाया धन सरकार के पास जमा करो और उसका साठ प्रतिशत तुरन्त निकाल लो। चालीस प्रतिशत लेकर सरकार कुछ नहीं पूछेगी। इतनी छूट कम है क्या? नयी आर्थिक नीति है मियाँ जी, नयी आर्थिक नीति। इसे समझो, अपनाओ और अपनी आर्थिक नीति सुधारो।"

"और ईमानदारी?"

"ईमानदारी बहुत क़ीमती चीज़ है इसलिए उसे कहीं छुपाकर रख दो, जब ख़ूब पैसा हो जाएगा तब निकालना तो दोनों हाथ में लड्डू रहेंगे। दुनिया में यही पद्धति चल रही है। एक बार कमाने तो लगो, ईमानदारी की वैसे भी याद नहीं आएगी।"

मित्रो, समझ में नहीं आ रहा है कि लोग अपनी सफलता का श्रेय अपनी सहचरी को क्यों देते हैं। कल अगर मैं सफल भ्रष्टाचारी हो जाऊँ तो और अगर अपना सारा मान-ईमान खो दूँ तो इसका श्रेय कौन लेगा?...एक बात बता दूँ, मैं वाल्मीकि की तरह भ्रम में नहीं हूँ।

मेरेज एनीवर्सरी की पूर्व सन्ध्या

विवाह एक प्रायोजित दुर्घटना है। लोग शादी के दिन को पुण्यतिथि की तरह भी याद करते हैं। बोलचाल की भाषा में इसे शादी की सालगिरह या मेरेज एनीवर्सरी कहा जाता है। पुराने ज़माने में लोग शादी करते थे और इसे क़िस्मत का खेल समझकर भूल जाया करते थे। जो बीत गया उसे भूल जाना अच्छा समझा जाता था। अपने देश में ग़रीब आदमी का पैदा होना स्वयं उसके लिए अश्रुपूरित श्रद्धांजलि का विषय है। इसीलिए लोगों को अपनी जन्मतिथि याद रखने की आवश्यकता नहीं है। पैदा होना था हो गये। बाद में यह सोचते रहने से कि कौन रांग साइड था, किसकी ग़लती थी, बेचारा आने वाला जा तो नहीं सकता ना! अब वह आ गया है तो संघर्ष करेगा, हिन्दी फ़िल्में देखेगा, मौक़ा मिला तो दो-चार से इश्क भी कर लेगा और अन्त में शादी की शाश्वत स्थिति को प्राप्त हो जाएगा। यही जीवन है। चार दिनों की ज़िन्दगी में इससे ज़्यादा और क्या किया जा सकता है।

माँगीलाल ने दहेज में मिली मोपेड को एक तरफ़ टिकाते हुए घर के दरवाज़े की ओर देखा। हमेशा की तरह पूर्तिदेवी आज भी वहाँ नहीं थीं। शादी के बाद एक-दो वर्षों तक वे दरवाज़े पर आकर बिदा करती रहीं और शाम को स्वागत भी। जैसे-जैसे मोपेड खटारा होती गयी उन्होंने ये कार्य बन्द कर दिया। लेकिन आज माँगीलाल को बड़ी आशा थी कि वे दरवाज़े पर मिलेंगी। पच्चीस रुपये लगाकर मोपेड की सर्विसिंग इसीलिए करवायी थी। महीने का आख़िरी हफ़्ता वैसे भी अगले महीने के बजट की चिन्ता में भजन-पूजन करते बीतता है। शादी करते समय कुछ सोचा नहीं। सोच लेते तो शायद करते ही नहीं। करना ही पड़ती तो पहले हफ़्ते में करते ताकि मेरेज एनीवर्सरी कड़की की कढ़ाही में तो न तलती। कल शादी की सालगिरह है और आज अर्द्धांगिनी दरवाज़े पर नहीं है। दरवाज़ा होता किसलिए है? अगर आते-जाते उस पर एक अदद बीवी न हो तो शादी का मतलब? इससे तो कुँवारे ही अच्छे थे। दरवाज़ा गृहिणी से होता है, लकड़ी की चौखट से नहीं। यह बात हर आदमी जानता है, पता नहीं औरतें कब समझेंगी। सम्भव है वे समझती हों और जानबूझ कर दरवाज़े पर नहीं आती हों। सुना है स्त्रियाँ अपने मनोभाव कई तरह से व्यक्त किया करती हैं। दरवाज़े पर न आना इनमें से एक तरीक़ा हो।...सामने ख़ाली दरवाज़ा है, पास में सर्विसिंग की हुई मोपेड, जेब में पिचका पर्स और दिल

में अपने निजी मनोभाव। क्या करें? अन्दर चलें जाएँ? लेकिन मोपेड तो बाहर खड़ी है, वे ख़ुश तो इसे ही देखकर होती हैं। जब बाहर कोई रास्ता नहीं दिखाई देता तो शादीशुदा आदमी के पास एक ही रास्ता होता है—अन्दर आ जाओ। माँगीलाल अपने ही दरवाज़े पर आगन्तुक की तरह बढ़ते हैं।

दो छोटे कमरों के इस आवास में दरवाज़े से ही सारी भौगोलिक स्थिति स्पष्ट हो जाती है। घर क़रीब-क़रीब व्यवस्थित था। माँगीलाल ने निष्कर्ष निकाला कि वातावरण में तनाव है किन्तु स्थिति नियन्त्रण में है। पूर्तिदेवी जानती हैं कि 'वो' आ गये हैं लेकिन अनभिज्ञ बनी हुई हैं। वे जानती हैं कि स्थिति बिगाड़ने के लिए भी पर्याप्त गम्भीरता आवश्यक होती है।

"सुनो!" माँगीलाल ने वातावरण की गम्भीरता को समझकर पहल की।

उन्होंने सुन लिया है लेकिन नहीं सुना है। यों कहा जाए तो ज़्यादा ठीक होगा कि उन्होंने तकनीकी दृष्टि से सुन लिया है परन्तु सैद्धान्तिक दृष्टि से नहीं सुना है। जब वे सुनती हैं लेकिन नहीं सुनतीं तब कुछ सुनाने के मूड में होती हैं। कल शादी की सालगिरह है इसलिए माँगी कुछ सुनने के मूड में नहीं है। लेकिन इससे क्या होता है। ईश्वर ने आदमी को कान सुनने के लिए ही तो दिये हैं। यदि कुछ सुन लेने से शान्ति होती है तो यह महँगा सौदा नहीं है। दुनिया भर के पति अपने कानों के 'बल' पर घर चला रहे हैं।

"सुनो!" उसने फिर पुकारा।

"किराने का सामान लाये?" उत्तर देने के बजाय उन्होंने प्रश्न करते हुए अपने मनोभाव व्यक्त किये। माँगी ने जेब में पड़े रुग्ण पर्स को हाथ फेरते हुए सान्त्वना दी।

"सुनो!"

"किराने का सामान?"

"बात यह है कि...ज़रा मोपेड देखो ना। सर्विसिंग करवा के लाया हूँ। चमक रही है, बिलकुल नयी जैसी।" माँगी ने मस्का लगाते हुए कहा।

"मोपेड में अब मेरी कोई रुचि नहीं रह गयी है।" उन्होंने प्रसन्न होने के प्रस्ताव को निरस्त करते हुए कहा।

"क्यों?"

"क्योंकि गृहस्थी की गाड़ी और मोपेड दोनों में से कोई एक ही चल सकती है तुम्हारी तनख़्वाह से।"

"लेकिन तुम्हारे पिताजी ने दी है दहेज में।" माँगी ने भावनात्मक सन्दर्भ देकर उन्हें प्रसन्न करने का प्रयास किया।

"दी नहीं, तुमने माँगी थी।" हाथ से माँगने का संकेत करते हुए पूर्तिदेवी ने कहा।

"ठीक है, माँगी थी। लेकिन उनसे माँगी हुई चीज़ का अनादर करना चाहिए क्या?" माँगी का शान्ति प्रस्ताव ज़ारी है।

"मेरा हाथ भी माँगा था, उसका कितना आदर करते हो?"

"यही सवाल मैं तुमसे पूछूँ तो? तुम मेरा कितना आदर करती हो?" माँगी ने सोचा प्रश्न को प्रश्न से हल किया जा सकता है।

"माँगकर दहेज लेनेवालों का आदर होना चाहिए क्या?" उन्होंने फिर प्रश्न करके अपनी बौद्धिक कुशलता का परिचय दिया।

"ठीक है, सामान्य रूप से नहीं तो औपचारिक रूप से ही सही, कुछ तो होना ही चाहिए।" अपने पतित्व को आदरणीय बनाने के लिए माँगी अड़ते हुए बोले।

"माँग में सिन्दूर भरती हूँ और मंगलसूत्र पहनती हूँ इतना आदर कम है क्या?"

माँगी को निराशा होने लगी। शिकायती स्वर में बोले—"दूसरी औरतें अपने पति को दरवाज़े पर आकर बिदा करती हैं और शाम को रिसीव भी।"

"उनका मकान निजी होगा।" बात फिर अर्थशास्त्र की ओर बढ़ी।

"तो क्या किराये के मकान में रहनेवाले आदमी पति नहीं होते?" माँगी ने तिलमिलाते हुए कहा।

"मैंने ऐसा कब कहा?"

"अच्छा छोड़ो...कल अपनी शादी की सालगिरह है।"

"मालूम है।"

"फिर? कल का क्या प्रोगराम है?"

"उपवास होगा।" अपने गुस्से को बरकरार रखते हुए वे बोलीं।

"क्यों?"

"किराने का सामान लाये?"

"सर्विसिंग करायी है मोपेड की, कहीं घूमने चलेंगे।"

"मुझे नहीं जाना कहीं।"

"तुम्हारे मम्मी-पापा से मिलने चलेंगे।" माँगी ने सोचा मायके के नाम पर शायद आपात्काल समाप्त हो जाए।

"क्यों?" उन्होंने नकारात्मक प्रश्न किया।

"आशीर्वाद ले लेंगे।"

"आशीर्वाद या एक सौ एक रुपये वसूलोगे?"

माँगी ने सफ़ाई दी, "रुपये तो वे मन से देते हैं, मैं माँगता थोड़ी हूँ।"

"इस बार नहीं चलेंगे।" पूर्तिदेवी ने फैसला सुनाने की मुद्रा में कहा।

"भागवान, मैंने पच्चीस रुपये लगाये हैं सर्विसिंग में।"

“जब धन्धे की इतनी समझ थी तो नौकरी में क्यों गये? इज़्ज़त से चार पैसे कमाते।” वे टेढ़ी हुई जा रही थीं।

“देखो इस मामले में तुम्हें कुछ भी बोलने की ज़रूरत नहीं है। नौकरी में मैं शादी से पहले ही था। किसी धोखे में नहीं रखा है तुम्हें।” माँगी ने अपनी इज़्ज़त बचाने का प्रयास किया।

“मेरी क़िस्मत...”

“इसमें क़िस्मत का क्या है?”

“आँखों देखी मक्खी निगलना क़िस्मत नहीं तो क्या है?” पूर्ति जी ने स्कड का प्रयोग किया।

“मैंने कोई जबरदस्ती नहीं की थी। इतना मातम मनाने से तो अच्छा था कि उसी समय कह देतीं अपने पापा से। कोई अच्छा घर-वर ढूँढ़ते। लेकिन मिलता तब ना!” माँगी ने भरपूर बचाव किया।

“कैसे नहीं मिलता? एक से एक अच्छे लड़कों के रिश्ते आये थे।” गरदन ज़रा टेढ़ी करते हुए वे बोलीं।

“आये होंगे...पर कार-स्कूटर माँगते। मोपेड में कोई नहीं निबटता।” माँगी ने हमला किया।

“एक डॉक्टर की बात आयी थी, उसे कुछ भी नहीं चाहिए था। पर पत्रिका नहीं मिली।” पूर्ति जी ने सम्मानजनक रूप से अपनी रक्षा की।

“तो बिना मिले कर लेतीं, यहाँ से तो ज़्यादा सुखी रहतीं!”

“पापा की ग़लती है, और फिर पत्रिका तो तुमसे मिली थी।”

“पत्रिका मिलने से सिर्फ़ शादी हो सकती है, घर में शान्ति नहीं।” माँगी ने वैज्ञानिक की तरह निष्कर्ष निकालते हुए कहा।

“तो मैं कलह करती हूँ? अपने सारे दोष मुझ पर मढ़ते हो!” एक अच्छी व कुशल महिला की तरह उन्होंने रोने की मुद्रा बनाते हुए आरोप लगाया।

“यह मतलब नहीं है मेरा...जैसी भी हो, मेरे साथ मिलकर ज़िन्दगी काटनी है तुम्हें।” माँगी ने बात सँभालते हुए कहा।

“क्यों? तुम्हारे साथ भागकर आयी हूँ क्या जो हर हाल में निभाना पड़ेगा? कायदे की ब्याहता हूँ, पूरे अधिकार के साथ रहूँगी।”

“मैंने कब तुम्हारे अधिकारों का हनन किया। जैसे तुम मुझसे कुछ आशा रखती हो वैसे ही मैं भी रखता हूँ।”

“मेरी आशाएँ तुम पूरी करते हो?”

“ठीक है, नहीं कर पाता, परन्तु बदले में तुम मेरी आशा पर पानी फेरकर हिसाब बराबर तो कर लेती हो।...अच्छा, एक गिलास ठण्डा पानी दो ज़रा।” माँगी ने मामला रफा-दफा करने के लिए हथियार डाले।

"ठण्डा पानी? जैसे घर में फ्रिज़ रखा है।" पुनः स्कड का प्रयोग।

"अच्छा रहने दो मैं ही ले लेता हूँ...तुम भी पियोगी?...लाऊँ?...एँ?"...माँगी का पूर्ण शान्ति प्रस्ताव।

"नहीं।"

"....लो। थोड़ा पानी पी लो, गुस्सा ठण्डा हो जाएगा।"

"सारा दिन पानी ही पीती हूँ। प्यास नहीं है मुझे।" शान्ति प्रस्ताव निरस्त।

"अच्छा गुस्सा थूको।...आखिर पत्रिका मिली हुई है। साल में एक दिन तो ठीक से गुज़रना ही चाहिए वरना कल को कोई पण्डितों पर भरोसा नहीं करेगा। ...बोलो कल का क्या कार्यक्रम है?"

"कार्य...क्रम! हूँ...झोले में नहीं दाने और अम्मा चलीं भुनाने।" गुस्सा स्थायी भाव में।

"कुछ ख़रीदने-वरीदने को थोड़ी कह रहा हूँ, घूमने चलेंगे कहीं।"

"सालगिरह चोंचला होती है। नहीं मनाना मुझे। तुम्हें घूमना हो तो घूम आना, मैं नहीं जाऊँगी कहीं भी।"

"मैं क्या अकेले जाऊँगा?"

"अकेले क्यों, ले जाओ किसी को भी...हैसियत हो तो। मैंने पाबन्दी लगायी है क्या?" कहते हुए उन्होंने संवाद समारोह निरस्त किया और उठ गयीं।

"...अरे कहाँ चलीं? सुनो तो...।"

"मेरा सिर दुख रहा है, सोऊँगी, उठाना मत।"

"लेकिन खाना तो खा लेतीं।"

"दाल-रोटी पड़ी है, इच्छा हो जब खा लेना। और मेरे को डिस्टर्ब मत करना।"

और इस तरह वे एक परम्परागत सांस्कृतिक सिरदर्द के साथ बिस्तर पर लेटायमान हो गयीं। माँगी आत्मावलोकन कर रहा है। एक आम आदमी की शादी की सालगिरह की पूर्वसन्ध्या ऐसी होती है तो शादी का भविष्य अच्छा नहीं है। आदमी क्यों करता है शादी? एक मोपेड के लिए कर ली। इससे तो सायकल पर ही अच्छे थे। ज़्यादा से ज़्यादा यही होता ना कि जन्मदिन के अलावा मनाने के लिए कुछ ना होता!

चार हाथोंवाला डॉक्टर

हमारे पड़ोसी अपने स्वामित्व व क़ब्ज़े की निजी सन्तान को आज फिर बेरहमी से ठोंक-पीट रहे हैं। चूँकि उस बच्चे पर मेरा दान, बक्षिस, गिरवी या मेण्टेनेन्स जैसा कोई हक नहीं बनता इसलिए मैं कुछ भी बोलने का अधिकारी नहीं हूँ। पिछली दफा पिटते वक़्त यही लड़का जाहिर सूचना की तरह अपने बचाव के लिए चिल्ला रहा था। बच्चे जब पिटते हैं तो उन्हें दोहरा दर्द होता है। एक पीटे जाने का और दूसरा इस बात का कि कोई बचाने नहीं आ रहा है। बचपन में हमने बहुत मार खायी है, सो बच्चे की पीड़ा को अच्छी तरह समझ रहे थे। मन नहीं माना इसलिए उनके घर जाकर हस्तक्षेप कर ही दिया। श्री मालचन्द पीटाणी, जो पापड़-टी बोकर (प्रापर्टी ब्रोकर) के व्यवसाय में हैं और प्रायः वकीलों के सम्पर्क में रहते हैं। यदि हम सीधे-सीधे यह कहते कि भइया बच्चे को मत पीटो, कहीं ऊँच-नीच हो गयी तो सौदा बिगड़ जाएगा तो वे नहीं मानते। कहते कि बच्चे की 'टाइटल' मेरे पास है, पीट्टूँ या नहीं पिट्टूँ मेरी मर्ज़ी। आप दीगर आदमी, दूसरे की पापड़टी पे नज़र रखने का क्या मतलब?

बच्चे को बचाने के लिए हमने युक्ति लगाते हुए कहा, "साँई, एक प्लाट लेना है, कोई फायदे का सौदा हो तो बताओ।" साँई ने पिटाईकाण्ड स्थगित कर प्लाटों की 'डीटेल्स' बताना शुरू की। हमें कोई प्लाट भला क्यों जमना था। प्रयास सार्थक हुआ, लड़का मुक्त हो गया। चूँकि साँई का समय नष्ट हुआ जा रहा था सो वह चिढ़ रहा था। ख़ैर, उस दिन किसी तरह मामला रफा-दफा हुआ। चार दिन भी नहीं बीते थे कि बच्चे ने फिर जाहिर सूचना प्रसारित की। हमने एक्शन रिप्ले किया। बच्चे को छोड़ वे फिर प्लाट के गुणगान करने लगे। आसार अच्छे नहीं देखकर इस बार वे फूट पड़े, "पलाट-वलाट लेत्ते नईं हो और भा पुच्छ के हमाड़ा भेजा खाते हो, ये कोन सा सड़ाफत का बात हे? याड़ तुम फोकट बात कड़ता हे, तुमको लेना-देना कुछ नई हे।" बातें तो सुननी पड़ीं पर लड़का इस बार भी बरी हो गया।

आज लड़का फिर पीटा जा रहा है और हमारी हिम्मत जवाब दे रही है। कहते हैं कि काठ की हाँड़ी बार-बार नहीं चढ़ती, ख़ास कर चूल्हा अगर प्रापर्टी ब्रोकर का हो तो सम्भावना और भी कम हो जाती है। पिटाई क्लाइमेक्स पर थी तभी हिन्दी फ़िल्मों में ऐन वक़्त पर आनेवाली पुलिस की तरह एक असली ग्राहक आ गया।

एक बार फिर लड़के को मुक्ति मिली। लेकिन भाग्य कितने दिन साथ दे सकता है, फिर पिटेगा किसी दिन।

आदमी अपनी युवावस्था में कितना ही आधुनिक क्यों नहीं रहा हो, पिता बनते ही उसमें परम्परावादी जड़ता आ जाती है। जो काम कभी उसने खुद तन-मन से किया, वह चाहता है कि उसकी आलौद उन्हें केवल मन में भी न लाए। वैसे आम पिता जब बच्चे को पीटता है तो उसके कारण कहीं बाहर से आये हुए होते हैं। हमने सोचा धन्धे वाला है, कहीं से पेमेण्ट नहीं मिली होगी तो हो सकता है कि बच्चे को पीटकर गुस्सा निकालता हो। सो समझाने की गरज से हमने पिटाणी जी को विनम्रतापूर्वक सम्पर्क में लिया और बच्चे को बार-बार पीटने का कारण जानना चाहा। वे बोले, "पड़ता नईं हे नी, इसलिए पीट्टना पड़ता है।"

हम प्रसन्न हुए कि चलो निन्यानवे के फेर वाला आदमी पढ़ाई की चिन्ता तो कर रहा है। "भई बच्चे हैं, आजकल बाहर की दुनिया में टी.वी., वीडियो, ना जाने क्या-क्या है। मन नहीं हुआ होगा। ज़रा प्यार से काम लिया कीजिए।"

"प्याड़!! ये प्याड़ का इद्धड़ क्या काम हे, एँ? वड़ी ये घड़ हे कोई हिन्दी फिल्लम नईं कि बात-बात पे प्याड़ कड़ो। बिजनेसमेन अग्गड़ प्याड़ करने लगेगा तो फिर धन्धा कोन करेगा?" लगा कि वे फालतू बात करने के मूड में नहीं हैं।

"कहाँ पढ़ता है लड़का?" उन्हें सामान्य बनाने के लिए हमने पूछा।

"लण्डन कान्वेण्ट इंगल्लिश मीडियम स्कूल में।" आकाश की ओर देखते हुए उन्होंने कहा।

"ये किधर है भई?" मुझे सचमुच पता नहीं था। जुलाई में गाजर-घास और इंग्लिश मीडियम स्कूल बहुत पैदा हो जाते हैं हमारे शहर में।

पहले उन्होंने हमें घूरते हुए देखा, हमारा इस स्कूल से परिचित न होना उन्हें पसन्द नहीं आया। बोले, "मात्मा गाँदी रोड पर आजाद भारत कार्याले हे ना, उसी के बगल में हे। दो हज्जार डोनेशन देने के बाद एडमीशन हुआ। दो पेसा ज़्यादा लग जावे पर इसकूल बढ़िया होना चइये।"

"अच्छा तो लड़के को डॉक्टर या इंजीनियर बनाना चाहते हैं?"

"डॉक्टर बोलो डॉक्टर, इंजीनियर नईं सिरफ डॉक्टर। चार हाथों वाला डॉक्टर।" बीड़ी सुलगाकर उन्होंने फिर आकाश का रुख किया।

देवी-देवताओं के चार हाथ सुने थे, मन्दिरों में देखे भी। पर चार हाथोंवाला आदमी न देखा न सुना। सोचा कहीं पीटाणी जी कोई मॉडल पेश करने के चक्कर में लड़के के साथ कुछ 'एडीशन-एल्ट्रेशन' करने के मूड में ना हों। आदमी में मेनिफेक्चरिंग डिफेक्ट हो तो चल जाता है लेकिन बाद की तोड़-फोड़ किसी-न-किसी को ले बैठती है। हो सकता है कि उनका व्यावसायिक मस्तिष्क यह सोचता हो कि डॉक्टर एक हाथ से पर्ची लिखकर सौ-पचास झटक लेता है, अगर हाथ चार हुए

तो झटकन चार गुना हो जाएगी। बात का खुलासा करने की गरज से पूछा, "भई, दो हाथ तो भगवान ने दिये हैं, बाक़ी दो क्या दुबई से मँगवा रहे हैं? छोरा चार हाथ का कैसे होगा?"

"दुब्बई में हाथ मिलते तो मैं सिर्फ़ दो मँगवाता क्या? अड़े, डॉक्टर बनेगा तो अपने आप चार हाथ हो जाएँगे उसके।" उन्होंने गोलमाल-सा जवाब दिया।

आँखों के बारे में तो सुना है कि वो दो से चार हो जाती हैं। छोरे कॉलिज के ज़माने में वन-टू का फोर और फोर-टू का वन करते रहते हैं, बिना बात। अन्त में हल्दी-चन्दन लपेटकर उन्हें परमानेण्ट चार आँखों वाला बना दिया जाता है। यह बात अलग है कि शादीशुदा आदमी के अकाउण्ट में आँखें भले ही बढ़ जाएँ पर दृश्य स्थिर हो जाते हैं। ख़ैर, फिलहाल हमें यह समझ में नहीं आ रहा था कि पीटाणी जी के चार हाथों वाले सोच के पीछे क्या गणित हो सकता है। शायद लम्बी सोच रहे होंगे। लड़का डॉक्टर हो तो शादी भी डॉक्टर से ही करने का चलन है इन दिनों। इस तरह चार हाथ हो जाएँ तो कहीं भी चार कमरे लेकर प्रसूतिगृह का धन्धा किया जा सकता है आराम से। हमने थोड़ा मज़ाक़ के टोन में कहा, "अच्छा तो अभी से छोरे की शादी के विषय में चिन्तित हैं, डॉक्टर बहू लाएँगे चार हाथ करने के लिए।"

"हजबेण्ड-वाइफ अगर डॉक्टर हों तो वो दो नहीं ग्यारह होते हैं।" हमें बेवक़ूफ़ घोषित करती नज़रों से देखते हुए उन्होंने कहा।

"क्या मतलब?"

"मतलब ये कि धनी-लुगाई डॉक्टर हों तो पेसा पाप्पड़ की तरह बढ़ता है घर में। खूब कमाओ रात-दिन। अच्छा धन्धा करे तो दो-चार बँगले दस-बीस प्लाट मामूली चीज़ है।" सधा हुआ-सा असेस्मेण्ट करते हुए वे बोले।

"और अगर अकेला डॉक्टर हो तो?"

"तो क्या, बोला ना कि अच्छे डॉक्टर के चार हाथ होते हैं।"

"ज़रा समझाकर बताइए ना प्लीज़।" हमने निवेदन किया।

"भई, हर अच्छे कमाऊ डॉक्टर के चार हाथ होते हैं। एक हाथ तो मरीज के जेब में होता है सीधे-सीधे, याने कि फीस लेता है—एक विजिट का सौ-सवा सौ रुपया। डॉक्टर का दूसरा हाथ आता है खून-टट्टी-पेशाब की जाँच करनेवालों की दुकान से। यहाँ से चालीस परसेण्ट कमीशन पक्का होता है, मैंने पता कर लिया है। दवाई कम्पनी वाले अपनी दवाई बिकवाने के लिए महीना बाँध देते हैं, ये डॉक्टर का तीसरा हाथ होता है। और नर्सिंग होम में भर्ती हुए बग़ैर आजकल इलाज होता कहाँ है। नर्सिंग होम से मिलनेवाली तीस परसेण्ट की भेंट, उसका चौथा हाथ है। ...हो गये डॉक्टर के चार हाथ?" कहकर उन्होंने फिर दूर आकाश में ताकना शुरू कर दिया।

पीटाणी जी के सोच का कायल मैं, मान गया कि डॉक्टर इस धरती पर चार हाथों वाला आधुनिक अवतार है। मरीज की दो जेब काटने के लिए चारों हाथों का लगना स्वाभाविक है। क्योंकि महँगाई की मार के बाद पैसा इतना कम बचता है कि उसे घर भर के लोग कसकर पकड़े होते होंगे जो चार हाथ से ही छुड़ाये जा सकते हैं। पीटाणी जी आज अपने बच्चे को दो हाथों से पीट रहे हैं, हो सकता है कि कल उसके जरिये वे चार हाथों से ज़माने को पीटें।

दद्दा दंगेदार से बातचीत

शहर और आदमी में यह एक समानता है कि दोनों के भूगोल में कुछ क्षेत्र संवेदनशील होते हैं। कुछ लोग दिल से, कुछ दिमाग़ से और कुछ दोनों से संवेदनशील होते हैं। हमेशा बीमार रहनेवाले लोग पूरे शरीर से संवेदनशील माने जाते हैं। संवेदनशीलता और शान्ति अधेड़ शहर के पल्ले से बँधी दो सौतें हैं। जब एक होती है तो दूसरी नहीं होती। शान्ति पुरातन है और संवेदनशीलता बिजली गिराती आधुनिका। आधुनिका जब डिस्को करती उपस्थित होती है तो संस्कारों में लिपटी शान्ति उठकर चली जाती है। शहर बेचारा सैनिक छाप शक्ति केप्सूल के सहारे संवेदनशीलता से किसी तरह निबटता है। चंचल आधुनिका कुछ दिन शहर के साथ रहकर, फिर आने का वादा करके लौट जाती है। थका-हारा शहर अपने पास शान्ति को बुलाकर पुनः सामान्य होने लगता है।

दंगा करानेवालों, और करनेवाले 'सज्जनों' को भी संवेदनशील समझ लिया जाता है, जबकि उनकी संवेदनाएँ खारिज हो चुकती हैं। एक ऐसे ही ज्वलनशील संवेदनाओं वाले, सामाजिक जीवन में सक्रिय, पुलिस विभाग के जाने-पहचाने, साथ ही किसी राजनीतिक पार्टी के महत्त्वपूर्ण कार्यकर्ता दद्दू दंगेदार से भेंट की जुगत लग जाती है। यों तो वे हम जैसों को 'मूँ लगाते नी हैं' पर थाने की कुठड़िया में बन्द रहते हुए ऐरों-गैरों से भी बात करना उनकी मजबूरी है। वैसे भी इनका इरादा 'पोलटिक्स' में जाने का है। इसलिए इण्टरव्यू शैली में बातचीत वे पसन्द करते हैं। हमने टेप चालू करते हुए पहला सवाल किया, "गिरफ्तार होने के बाद आपको कैसा लग रहा है?"

यद्यपि यह एक पारम्परिक सवाल था। बड़े-बड़े साक्षात्कारकर्ता इसी सवाल से अपनी बातचीत शुरू करते हैं। पर पता नहीं क्यों दद्दू का मूड ख़राब हो गया। चूँकि संवेदनशीलता उनका स्थायीभाव है इसलिए वे एकदम भड़क पड़े। बोले, "ये फालतू बातें नई होने का मेरे को। अच्छी बातें पूछो, जेसे कि तुमारा जनम काँ हुआ। एसे।"

"ठीक है, आप कृपया यह बताइए कि आपका जन्म कब हुआ?" चाहे जैसे भी हो हमें तो उनसे बात करनी थी।

"ये तो अपन को मालूम नी हें कि तारीक कोन-सी थी। पर अपन जब पेदा

हुए तो सेर में दंगा हो रा था। गाँदी जी मरे थे ना, ये तब की बात हे। ये समजो कि इदर गाँदी जी मरे ओर उदर हम पेदा हुए।" वे बोले।

"वाह साब क्या बात है, बधाई। इन दिनों आप क्या करते हैं?" हमने उन्हें मतलब की ओर खींचा।

जनम की बधाई से गद्गद होते हुए वे बोले, "दंगे के टेम पे दंगा करते हें ओर क्या।"

"ये तो ठीक है, पर बाक़ी समय आप क्या करते हैं, जैसे कोई काम-धन्धा वगैरह?"

"बाकी टेम में बस यूँई कुछ ना कुछ करते रेते हें। पड़े-लिखे तो अपन हेंई नी, होते तो कंई पे हरामखोरी कर रए होते।"

"पढ़े-लिखे हरामखोरी करते हैं, आप कैसे कह रहे हैं?"

"एसा हे कि पड़ने के बाद हर आदमी मेनत से जी चुराने लगता हे। सच पूछो तो देस में अनपढ़ लोग के अलावा कोई मेनत नी करता हे।"

"ख़ैर, यह बताइए कि आपका धर्म कौन-सा है।" पढ़ेलिखों पर विस्तार से विचार व्यक्त करें इसके पहले उन्हें मूल विषय पर रोपा।

"अपना कोई धरम नी हे, अपन तो सबको मानते हें ओर मूड खराब हो जाए तो किसी को नी मानते। क्या!"

"लेकिन दंगा करते समय आपको किसी-न-किसी धर्म की ओर से काम करना पड़ता होगा?"

"हमारा धरम से क्या काम। दंगे में धरम की तरफ से तो जनता होती है। मतलब ये कि हिन्दू के घर जलते हें, मुसलमान के घर जलते हें। दंगाइयों का तो घर बी नी होता ओर धरम बी नी। वो तो बस दूसरों के केने से काम सूरू करवा देते हें। धन्दा हे ना!"

"भाई ये दूसरे कौन हैं, ज़रा इनके बारे में भी बताइए।"

थोड़ी देर चुप रहकर वे बोले, "दूसरों के बारे में तो हम नी बताएँगे।"

"आप अपने बारे में ही बताइए, आप किसके कहने से काम करते हैं?"

"एसा हे कि इस बार तो सट्टा भोत लगा था। दंगा नई होता तो कई घर बरबाद हो जाते। सड़क पे आ जाते बिचारे। सबको बचा लिया हमने।"

"लेकिन दंगा होने पर भी तो कई घर बरबाद हो जाते हैं। उनका ख़याल भी तो आपको होना चाहिए।"

"उनको तो मुआवजा मिल जाता है। अगर सरकार सटोरियों को मुआवजा देने लगे तो हो सकता हे कि लफड़े नी हों।"

"आप सट्टा लगाते हो या खाते हो?"

"अपन ने बोला न कि मेनत करके पेसा कमाते हें। ये हरामखोरी का काम

हे, उपर जा के मालिक को मूँ दिखाना हे।" संवेदनशील होते हुए वे बोले।

"दंगा करवाने पर भी तो मालिक को 'मूँ' दिखाना पड़ेगा आपको?" हमने ज़रा कसते हुए उन्हें कहा।

"हाँ दिखाना पड़ेगा, पर उस टेम हम वाँ अकेले नी होएँगे। मालिक को हमारे साथ नेता, सटोरिए, ज्ञानी-ध्यानी, पण्डित-मुल्ला-काजी सबका मूँ देखना पड़ेगा।"

"अच्छा आप अपना काम शुरू कैसे करते हैं?"

"जेसा ज़रूरी हो वेसा करते हें। करफ़ू लगवाना हो तो जादा मेनत करनी पड़ती हे ओर भगदड़ मचानी हो तो थोड़े में हो जाता हे।"

"ईमानदारी से आप एक बात सच-सच बताओ। आप ये सब क्यों करते हो? जनता दंगों को पसन्द करती है क्या?"

"एसी केसी बात कर रए हो आप। खाने के लिए टुकड़े नई हें लोगों के पास। सुबे चा पी के निकलते हें तो साम कोइ चूला जलता हे। ग़रीबों के लिए दंगा यने भूखा मरना हे।"

"तो फिर लोग क्यों लड़ते हैं? अगर जनता दंगों से बचना चाहे तो कैसे बचे, यह बताइए?"

"नी बच सकती। अपने याँ नेता होन जनता को भेड़-बकरी समज के हाँकते हें। ओर जनता में अकल हे नी। दोनों तरफ से दाने डाल के मुरगा लड़ाई करवा देते हें ओर बाद में जीत-हार का मज़ा लेते हैं।"

"फिर भी यदि कोशिश करे तो जनता नेताओं और भड़कानेवालों से बच सकती है?"

"किससे-किससे बचेगी बकरे की अम्मा। पार्टीबाज नेता, अँगूठेछाप सटोरिये, पहलवान छाप रहनुमा, दोरंगी भाषा बोलते धार्मिक पहरेदार, ओर सबसे बड़ी बात हमारे जेसे मेदानी कार्यकर्ता। जब इतने लोग मिल के काम करते हें तो सफलता हमकोई मिलनी हे। हाँ, अगर जनता में सब लोग एक हो जाएँ ओर समजने लगें तो फिर किसी की दाल नी गलेगी। वेसे जनता समजती नी हे, ओर अगर समजने की कोसिस करेगी तो हम समजने नी देंगे। क्या!"

नाक दबाने से मने दिवाली

अपने देश में दिवाली दो होती हैं। एक परम्परागत दिवाली और दूसरी सरकारी दिवाली। मार्च का अन्तिम सप्ताह सरकारी दिवाली का समय है। एक दिवाली में दीये जलाये जाते हैं और दूसरी में दीयों के तेल का इन्तज़ाम होता है। यदि सरकारी दिवाली लाभ दे जाए तो ही लोग परम्परागत दिवाली को शुभ मानते हैं। कुछ लोग एक को सच्ची दिवाली और दूसरी को औपचारिक दिवाली कहते हैं। सच्ची दिवाली में लक्ष्मी सचमुच आती है लेकिन औपचारिक दिवाली में रात भर दरवाज़े खुले रखने के बाद भी नहीं आती। हालाँकि अनुभवीजनों का कहना है कि लक्ष्मी प्रायः रात के अँधेरे में उल्लू पर सवार होकर आती है। शायद इसीलिए लोग मानते हैं कि "जागा सो पाया, और सोया सो खोया।"

महकमों के आदमी सरकारी दिवाली से पहले रात-रात भर जागकर काम करते हैं। आज सारी जगह सिद्धान्तों के आधार पर काम होता है। वैसे तो हर व्यक्ति या हर ऑफ़िस में आपको अलग-अलग सिद्धान्त देखने को मिल जाएँगे किन्तु कुछ सिद्धान्त राष्ट्रगीत की तरह सब जगह आदर के साथ मान्य हैं। इनमें से एक सिद्धान्त है—नाक दबाओगे तो मुँह खुलेगा। यहाँ मुँह खुलने का मतलब जेब खुलने से है। नाक दबाने का काम प्रायः नवम्बर-दिसम्बर से याने परम्परागत दिवाली मनाने के तत्काल बाद से आरम्भ हो जाता है। शुरू-शुरू में लोग नाक को मुक्त कराने की कोशिश करते हैं। उन्हें ऐसा करना भी चाहिए, क्योंकि यह उनका फ़र्ज़ है। पैसा कोई झाड़ पर तो लगता नहीं है कि किसी ने माँगा और चट से दे दिया। साहब इज़्ज़तदार और एजूकेटेड हैं, कोई डाकू थोड़े ही कि सीधे से कह दिया पैसा निकालो और सामनेवाले ने रख दिया। ख़ैर, जैसा कि सब जानते हैं सारी कोशिशें बेकार जाती हैं और फ़रवरी आते-आते वह अपना मुँह खोल देता है।

फ़ुरसत के समय कुछ साहब लोग विद्वानों जैसी बातें करने लगते हैं। अकसर इस बात पर बहस होती रहती है कि नाक दबाना कला है या विज्ञान। जो अपने को कलाकार कहलाना चाहते हैं वे इसे कला मानते हैं और जो साइंस से ग्रेजुएट होकर आये हैं वे इसके विज्ञान होने पर बल देते हैं। कुछ लोग इसे न कला मानते हैं और न ही विज्ञान, वे इसे सौभाग्य या ईश्वर का आशीर्वाद मानते हैं। इस प्रकार निष्कर्ष भले ही कुछ न निकले किन्तु फ़ुरसत का समय तो कट ही जाता है।

एक अच्छे 'की-पाइण्ट' पर बैठा साहब दिवाली की रात लक्ष्मी-पूजन करके अपने इरादों के बम छोड़ता है और फिर आराम से सो जाता है। अगली सुबह जिस तरह व्यापारी लाभ-शुभ का चौघड़िया देखकर अपना काम-काज शुरू करते हैं ठीक उसी तरह, उसी मुहूर्त में वह भी नाक दबाने का काम शुरू करता है। 'सीजन' अच्छा हो तो यह काम मार्च-एण्ड तक चलता रहता है। यहाँ मार्च-एण्ड का मतलब 31 मार्च की आधी रात तक का समय नहीं है। 'बेकेडेट' की सुविधा के कारण प्रायः 15 मई तक मार्च चलता रहता है। इस प्रकार कुछ विभागों में मार्च का महीना 75 दिनों का होता है।

बसन्त भाई ट्रेजरी में मुलाजिम हैं। हिसाब-किताब बहुत अच्छा जानते हैं, सरकारी भी और अपना भी। सेवाभावी इतने हैं कि यदि उन्हें 'प्रेरणा' प्राप्त हो जाए तो सरकारी काम को निजी काम समझकर झटपट पूरा कर डालते हैं। अब कोई प्रेरित ही नहीं करे तो दोष इनका नहीं है। वे अपनी ओर से कोई कसर नहीं रखते, ख़ूब काम करते हैं। मार्च में तो दिन को दिन और रात को रात नहीं समझते। खाना और सोना तो जैसे भूल ही जाते हैं। अगर ज़िन्दा रहने के लिए यह ज़रूरी न हो तो वे इस समय में भी कुछ फ़ाइलें (प्रेरणा लेकर) देख डालें। वैसे उनके दफ़्तर में ढेरों फ़ाइलें महीनों से शव की तरह पड़ी हैं। कोई माई का लाल प्रेरणा के प्राण फूँके तो वे भी चल पड़ें। सब लोग एक समान गम्भीरता वाले नहीं होते, ठेकेदारों और पेंशनरों में फ़र्क़ होता है। एक प्रेरणा देता है, दूसरा बस अपनी रोता है। समय की क़ीमत है अब तो रोनेवालों को सान्त्वना भी राशन से मिलती है। सान्त्वना वितरण का कार्यभार भी अधिक हो जाता है इन दिनों।

पिछली दफा एक ठेकेदार मार्च-एण्ड में एक मज़दूर की पीठ पर बोरा लदवाये अपने मतलब के दफ़्तर में पहुँचा। वहाँ पहले से ही बहुत से लोग जमा थे। सबका कुछ-न-कुछ अटका था। इन दिनों दफ़्तर में 'सेवारत बन्धु' अपनी जेब में बटुआ नहीं रखते हैं। ज़रूरत ही नहीं पड़ती या यों कहा जाए कि ज़रूरत के हिसाब से छोटा पड़ता है। इसलिए उनके साथ प्रायः एक झोला या ब्रीफकेस होता है जिसे घर का कोई सदस्य हर तीन घण्टे में उठा ले जाता है और बदले में दूसरा (ख़ाली) रख जाता है। ब्रीफकेस न हुआ ऑक्सीजन का सिलेण्डर हो गया। नहीं बदला तो साहब ख़तरे में। एक बार शाम को छापा पड़ा तो दिन भर की मेहनत मारी गयी। अब नयी व्यवस्था से ऐसा नहीं हो सकेगा, मौक़े-बेमौक़े कुछ हो भी गया तो केवल तीन घण्टे का परिश्रम ही नष्ट होगा। विभाग के भृत्य बहादुर का मामला अलग है। साल में दस महीने उसकी बीवी टिफिन में भाजी-रोटी बाँधकर देती है और दो महीने ख़ाली टिफिन। बहादुर अपने साथ ख़ाली टिफिन लाता है और दोपहर तक उसे भरता है बेचारा। दोपहर को छोरा दूसरा टिफिन दे जाता है। टिफिन में लक्ष्मी ले जाना उसे अच्छा नहीं लगता, पर मजबूरी है। अपने यहाँ चपरासी यदि ब्रीफकेस

लेकर ऑफ़िस आने लगें तो साहब लोगों का हाजमा बिगड़ने का डर बना रहता है। वैसे बहादुर अपनी वाली पर आ जाए तो सबकी हवा बन्द कर दे। वह जानता है कि किसके नीचे कितने रेले हैं। लेकिन सोचता है कि जाने दो क्या फ़ायदा, एक ब्रीफकेस के लिए किसी से क्यों बुराई ली जाए। वह बड़े दिल वाला आदमी है इसलिए छोटी-छोटी बातों को 'माइण्ड' नहीं करता। लेकिन जब ठेकेदार पूरा बोरा भर कर लाया तो उसे भी ऊपर से नीचे तक झनझनाहट हो गयी। सारे मौजूदा जन भी अपने को बौना समझने लगे। चर्चा होने लगी कि अब लोग बोरा भर के ला रहे हैं। कमाल है भई, ब्रीफकेस के ज़माने गये। भृत्यगण सोचने लगे कि अब इसे साहब का बण्टी कैसे ले जाएगा, कार तक ले जाने के लिए हमसे ही हम्माली करवाएँगे, तब देखेंगे। बहादुर सोचने लगा कि चाहे जितना पैसा लग जाए पर लौण्डे को पढ़ा-लिखाकर इसी विभाग का साहब बनाएगा।

ठेकेदार बरामदे से होता हुआ साहब के कमरे में प्रवेश करता है। साहब प्रसन्न भाव से उसका स्वागत करते हैं। पीछे-पीछे मजदूर बोरा उठाये आता है। साहब उसे देखते ही चौंक उठते हैं, "ये...ये...ये क्या है बिहारी लाल?...ये क्या उठा लाये? एँ? लोग क्या समझेंगे?"

बिहारी के इत्मीनान में कोई कमी नहीं आती। वह प्रसन्नभाव से ही बोला, "साहेब, कल घर पे आपकी सेवा करी और आपसे इजाजत तो ले ली थी, कि मेरा रुका काम आप फटाफट करवा दोगे।"

"ठीक है, ठीक है, लेकिन तुम अपने रुके हुए बिल ले आओ ना, ये क्या उठा लाये?"

"साहेब ये रुके हुए बिल ही तो हैं। अब देर मती करो, हम पहले से ही बहुत परेसान हैं।"

साहब को ताव आ गया, "तुम क्या हमें बेवक़ूफ़ समझते हो? एक गन्ना बताकर पूरा हाथी निकाल ले जाना चाहते हो। ज़रा इन्सानियत रखो बिहारी, कम-से-कम भगवान से तो डरो। कल को तुम्हारे बच्चे ऐसी नौकरी में आएँगे और अगर उनके साथ कोई ऐसा करेगा तो तुम्हें कैसा लगेगा।"

"पर साहेब हम कोई थोड़ा रकम नहीं दिये हैं। पूरा दो दिवाली से जियादा का खर्चा दिये हैं।"

"तुम्हें कैसे मालूम कि हमारी दिवाली का खर्चा क्या है? दिवाली सिर्फ़ दीये जलाने से होती है क्या?...लेकिन तुम्हें इससे क्या, तुम होते कौन हो हमारी दिवाली का बजट पूछने वाले!...होशियार बनने की ज़रूरत नहीं है। काम काम के तरीके से होगा, समझे।" साहब ने नाक दबायी।

बिहारी तैयार था, उसने मुँह खोला। साहब ने थोड़ी और दबायी, और मुँह खोला।...दोनों मुस्कराये। साहब ने कॉफ़ी मँगवायी...बिहारी ने दिवाली की बधाई दी।

बुढ़ापे की भूल

लोकतन्त्र में बूढ़े आदमी को भी भूल करने की उतनी ही आज़ादी है जितनी कि एक जवान को। कुछ लोगों का मानना है कि बूढ़ा आदमी चूँकि बहुत अनुभवी होता है और हर बात की ऊँच-नीच को अच्छी तरह समझता है इसलिए वह कोई भूल नहीं कर सकता। लेकिन यह भी उतना ही सही है कि आदमी चाहे तो क्या नहीं कर सकता। भूल करने के लिए, अवसरों के अलावा दूरदृष्टि और पक्का इरादा होना चाहिए। सोच-समझकर प्रयास किया जाए तो बावजूद बुद्धिमानी के आदमी मूर्खता भी कर सकता है। फिर भूलों का क्या है, वो तो होती रहती हैं। पैंतालीस सालों से हो रही हैं। भूलों की बहुत लम्बी परम्परा है हमारे यहाँ, इसलिए यह कोई नयी बात नहीं है। ऐसे भी अनेक उदाहरण मिलेंगे जब जवानी की भूल से ज़्यादा बुढ़ापे की भूल चर्चित हुई है।

बूढ़े आदमी को नींद बहुत कम आती है। वैसे तो कई बार नौजवानों को भी इसी किस्म की परेशानी से गुज़रना पड़ता है। लेकिन उसके कारण शिष्ट चर्चा के योग्य नहीं हैं। शायद कबीर को भी नींद नहीं आती होगी इसीलिए उन्होंने कहा कि—नींदक नियरे राखिए, आँगन कुटी छवाय। लोगों ने उनके 'नींदक' को निन्दक समझ लिया, ख़ैर। बुढ़ापे में नींद नहीं आने के कई कारण होते हैं जैसे खाँसी, दमा, भूख, गैस, लम्बित पेंशन, ख़ाली जेब, कभी नालायक कभी लायक बेटे, कभी बीते दिनों की यादें कभी आने वाले दिनों का डर, कभी सरकार, कभी कुर्सी, कभी मन्दिर विवाद, कभी एक व्यक्ति एक पद की गुहार, कभी विरोधी दल, कभी दल के अन्दर का विरोध वगैरह-वगैरह। ऐसी ही परिस्थितियों में एक मन्त्री रात ढाई बजे अपने शयनकक्ष के सामने टहल रहा है। उसके सामने परेशानी यह है कि 'वो' चिल्ला-चिल्लाकर कह रहा है कि मैंने दिया है और जनता को विश्वास है कि इन्होंने नहीं लिया है। जनता की भावना और 'उसके' इरादों के बीच मन्त्री पिसा जा रहा है बेचारा। सारा देश सो रहा है, यानी बिस्तर पर। मन्त्री जी 'उससे' बात करने की इच्छा से बार-बार फ़ोन उठाते हैं लेकिन उन्हें समर्थन में नारे लगाती जनता का ध्यान आ जाता है। जनता का ख़्याल एक मन्त्री के लिए गैस्टिक ट्रबल के समान होता है। 'कुछ' पीते ही इसमें झट से आराम भी मिलता है। वे अन्दर जाते हैं और कुछ देर बाद दृढ़ निश्चय के साथ वापस लौटते हैं। फ़ोन पर नम्बर घुमाते ही, दूसरी

ओर से फौरन हलो की आवाज़ आती है।

"अरे!! तुम भी जाग रहे हो!" मन्त्री चकित हुआ।

"हाँ, देनेवाले को नींद कहाँ आती है।" उधर से आवाज़ आयी।

"मैं तो सोच रहा था कि चैन से सो रहे होगे। अपने वकील के साथ बैठे हो क्या?"

"साथी तो है पर वकील नहीं। आप बताइए कैसे याद किया?" मुद्दे पर वही आया, शायद उसका समय ज़्यादा क़ीमती था।

"तुम भी बचपना करते हो भाई, आरोप लगाने से पहले मुझसे सम्पर्क तो कर लिया होता।"

"मैं तो चाहता था लेकिन कुछ बड़े नेताओं ने कहा कि इसकी ज़रूरत नहीं है क्योंकि आरोप मात्र एक करोड़ रुपयों की मामूली रकम का है।"

"रकम मामूली है इसीलिए तो जनता हमारे साथ है। तुमने परेशानी में डाल दिया भाई। अस्सी करोड़ जनता मेरा मुँह देख रही है, इसका क्या करूँ?" मन्त्री ने अपनेपन के साथ कहा।

"जनता में क्या है !! वो तो मूरख है, पूरा शेयर बाज़ार जानता है।"

"शेयर बाज़ार और राजनीति में बहुत अन्तर है...।"

"क्या अन्तर है? तुम भी उनकी बेवक़ूफ़ी से मज़ा करते हो और हम भी।" उसने मन्त्री से जानबूझकर अनादर के साथ कहा।

"ख़ैर छोड़ो, अब क्या कर रहे हो?"

"किस बारे में?"

"अरे वही, सबूत-अबूत का क्या चक्कर है? सुना है कोई बातचीत टेप कर रखी है तुमने?" मन्त्री जी ने नरमाई के साथ कहा।

"अच्छा, हाँ-हाँ, की है।"

"तुम्हें मालूम है, पोलटिक्स और बिजनेस दोनों विश्वास पर चलते हैं। मालूम है ना?"

"सो तो ठीक है, लेकिन जब नेता बिजनेस करने लगे तो बिजनेसमेन को भी थोड़ी पोलटिक्स करनी ही पड़ती है। रहा विश्वास का सवाल तो मुझे भरोसा था कि मेरी कोई जाँच नहीं होगी। लेकिन क्या हुआ देखो।"

"और क्या हो सकता था? आठ-दस करोड़ की बात और थी, तुमने तो पाँच हज़ार करोड़ ढीले कर लिये। तुमने अपने स्कूल में पढ़ा होगा कि भारत एक ग़रीब देश है। यहाँ इतनी बड़ी रकम पर पर्दा डालना असम्भव है।" मन्त्री ने सफ़ाई दी।

"लेकिन आपने तो सहायता का आश्वासन दिया था?"

"भूल हो गयी मुझसे, पछता रहा हूँ मैं। वैसे भी कामन सेन्स की बात है, एक करोड़ में पाँच हज़ार करोड़ की रक्षा कैसे कर सकता है कोई।"

"जितना मुझे कहा गया उतना ही दिया और आरोप भी उतने का ही लगा रहा हूँ। ज़्यादा माँगा जाता तो ज़्यादा देता।"

"छोड़ो सब बातें, अब?"

"अब तो मैंने एक दर्जन बड़े सूटकेस बनवाकर रख लिये हैं। हरेक में नब्बे किलो का एक-एक मोटा आदमी गवाही के लिए बन्द करके रख लिया है। मौक़ा आने पर पेश करूँगा।"

"किस पार्टी के हैं ये लोग?"

"इस तरह की डीलिंग किस पार्टी में होती है? आप कोर्ट में आइए तो सही।"

"आखिर तुम मुझे ही क्यों घसीट रहे हो?"

"पुराना सूत्र है—हमला करना, रक्षा करने का सबसे अच्छा तरीक़ा है। मैं पचास साल की सज़ा अकेले नहीं काटूँगा।" अपने पक्के इरादों के साथ वह बोला।

"मुझसे सचमुच बड़ी भूल हुई जो मैं तुमसे मिला।"

"भूल तो आप अभी भी कर रहे हैं क्योंकि मेरा टेप चालू है।"

"ओफ,...लेकिन कोई बात नहीं। कितना कुछ भी हो जाए मैं सीता माता की तरह पवित्र रहूँगा।" कहकर मन्त्री ने फ़ोन रख दिया।

पता नहीं भूल किस-किस से हुई है। इधर जनता सोच रही है कि बरसों हो गये भूल करते-करते, गाँधी की खादी में करोड़ों समाने लगे हैं। अब मौक़ा मिले तो भूल सुधार करें यानी दूसरी ख़तरनाक भूल करें। अगर मन्त्री जी के पक्ष में देखा जाए तो हम जिसे भूल कह रहे हैं वो शायद भूल है ही नहीं। महाराणा प्रताप ने संकट के दौरान भामाशाह से जो लिया था वो आज के अवमूल्यित रुपयों में एक करोड़ से अधिक ही रहा होगा। लेकिन इतिहास क्या उसे किसी की भूल मानता है? नहीं न। वो तो भामाशाह का त्याग, निष्ठा और देशप्रेम था। देश वही है, बस लेने-देने वाले बदल गये हैं। जो देता है उसके खाते में कुछ त्याग तो आप भी मान्य करेंगे। और जहाँ लेन-देन हो वहाँ निष्ठा के सीजनल फूल भी खिल ही जाते हैं। हाँ, राष्ट्रप्रेम एक आउट डेटेड यानी दक़ियानूसी चीज़ है । जिन्हें आगे बढ़ना है, कोठियों और बँगलों में रहना है, मारुतियों में घूमना है, लेट्रिन-बाथरूम में बनी तिजोरियों में बिना रंगभेद के रुपया अपनी आठवीं पीढ़ी तक के लिए सहेजना है, उन्हें हर क़िस्म की दकियानूसी चीज़ों से अपने को दूर रखना ज़रूरी है, राष्ट्रप्रेम से भी। हर कोई जानता है कि हमारे देश में औलाद ईश्वर की देन है। अगर प्रेम करने के लिए राष्ट्र ही ज़रूरी होता तो ईश्वर हमें आलौद कभी नहीं देता। लेकिन इसका मतलब यह नहीं कि देश पूरी तरह आधुनिक हो गया हैं और हमारे यहाँ राष्ट्रप्रेम का सिस्टम ही ख़त्म हो गया है। ज़्यादा उम्र के कुँवारों और बेऔलादों की संख्या हमारे यहाँ कम नहीं है। गरज ये कि त्याग है, निष्ठा है और राष्ट्रप्रेम भी। देश को महान् कहने के लिए इतना काफ़ी है।

खोटी व्यवस्था, खोटे शंकराचार्य

इसे राजभवनों की क़िस्मत कहिए या बदक़िस्मती, यहाँ लोगों के चले जाने के बाद मालूम पड़ता है कि वे नकली थे। यों तो राजभवन लोकतन्त्र का है लेकिन वहाँ के रहस्यों और भूलभुलइयों से ऐसा लगता है कि तन्त्रलोक का है। यहाँ नेता, मन्त्री, समाजसेवी, राष्ट्रप्रेमी आदि सब आते हैं साधु की तरह और राजकोष को बाबा बनाकर चले जाते हैं। हमारे शास्त्रों में आनेवाले को यानी अतिथि को 'देव' मानने के निर्देश हैं लेकिन जानेवाले के लिए जानबूझकर कोई टिप्पणी नहीं की गयी है। वांछित सिद्धि प्राप्त करने के लिए साधु होना नहीं दिखना ज़रूरी है। गुण्डे-बदमाश, शातिर वगैरह जो भी इच्छित स्थिति प्राप्त कर ले, वही योगी-तपी, महान्।

कहते हैं कि जंगल में स्वच्छन्द विचरना हो तो शेर का विश्वास अर्जित कर लेना चाहिए। चालू भाषा में कहें तो शेर को चूना या मक्खन, जो भी सम्भव हो, लगाकर जंगल पर राज किया जा सकता है। राज्य सरकारें यदि भंग हों तो शेरस्वाँग में राज्यपाल होते हैं और चूने से लगाकर मक्खन तक सारे विभाग उसके पास ही होते हैं। पिछले दिनों एक चतुर व्यक्ति राजप्रमुख के समक्ष स्वयं को शंकराचार्य कहता हुआ प्रस्तुत हुआ। राजप्रमुख ने पूरी श्रद्धा और निष्ठा से उसका स्वागत किया। देश के विद्वान् और राजनीतिज्ञ यह बहस कर सकते हैं कि हमारी व्यवस्था में राष्ट्रपति और प्रधानमन्त्री में से कौन बड़ा है। लेकिन इसमें कोई विवाद नहीं है कि शंकराचार्य इन दोनों से बड़ा है। बिना वोट और बिना ज़िम्मेदारी की दीर्घायु कुर्सी, पाँच-पाँच साल या इससे भी कम समय में ऑक्सीजन पाती कुर्सियों से बेहतर क्यों न समझी जाए? समाज की प्रतिष्ठा का चन्दन लगाये, संसार से विमुख-मुद्रा का संसारी भला और कहाँ? अँग्रेज़ों के ज़माने में पदासीन हुए तो आज तक शोभायमान हैं लेकिन पूरी तरह से निरपेक्ष। बार-बार विदेशी आये, वे कुछ नहीं बोले। समाज टुकड़ों में बँटता रहा, वे चुप रहे। शूद्रों-कमज़ोरों पर अत्याचार होता हो, बच्चे बलि चढ़ा दिये जाते हों, या जवान औरत को सती कर दिया जाता हो, वे नहीं बोलते। दंगे-फ़साद हों तो उन्हें कोई सरोकार नहीं, समाज में फैली ग़रीबी से उन्हें कुछ लेना-देना नहीं, अशिक्षा की तरफ़ कभी देखा नहीं। बुद्ध या महावीर की तरह वे भी बाहर निकल सकते हैं लेकिन वे मठ में मोक्ष की चाह लिये बैठे होते हैं। वे कभी कुछ नहीं बोलते, भगवान भी कभी कुछ नहीं बोलते। दोनों के आगे घण्टी

बजाना, झुक-झुककर दोहरे हो जाना हमारा सबसे बड़ा धरम और सबसे महान् संस्कृति है। तभी तो शंकरों और शंकराचार्यों के बहीखातों में कोरे पन्नों पर आज भी अस्सी करोड़ अँगूठों के निशान लगे हैं। यदि ऐसा नहीं होता तो नकली आदमी से शंकराचार्य का नाम सुनते ही नेताओं की आँखें बन्द नहीं हो जातीं। राजनीति में जब भगवान का उपयोग किया जा सकता है तो शंकराचार्य भी किसी-न-किसी काम आ ही सकते हैं। जैसे किसी को सूनी सड़क पर सोने का झुमका पड़ा मिल जाए तो सबसे पहले उसे सहेज लेगा। खरे-खोटे की पड़ताल बाद में होती रहेगी। द्वार पर बिन बुलाये शंकराचार्य खड़े हैं तो पहले सत्कार करो उनका, ठहरा लो किसी तरह, फिर देखेंगे कि क्या काम आ सकते हैं। ऊपर धर्मनिरपेक्षता की तोरणें बँधी हैं लेकिन नीचे धरम प्रमुख का ध्यान रखना बहुत ज़रूरी है। शंकराचार्य राजभवन में हों तो समझो सरकार की जेब में ही हैं। मौक़ा-ज़रूरत के समय ख़र्च की जा सकने वाली रक़म।... महाराज पूरे लोकतन्त्र की ओर से पालागी आपकी। प्रभु की चरणरज सेकुलर प्रधानमन्त्री के सरमाथे। आपके पवित्र पदचिह्न लोकनायकों की पीठ को प्रतिष्ठा प्रदान कर रहे हैं। हे महामुनी, आपके ही कर 'कमल' हैं और व्यवस्था को एक वरदहस्त की ज़रूरत है। भला आपसे अधिक पूजनीय आधुनिक भारत में और कौन हो सकता है। मार्क्स ने कहा था कि धरम अफीम है। गुस्सा तो बहुत आया पर क्या करते सिवाय लाल कालीन बिछाकर इस विचार को रौंदने के। सौभाग्य हमारा आप पधारे, लोकतन्त्र का राजभवन है, जो-जो जी चाहे लतियाते चलिए।

राजप्रमुख को धन्य करते हुए 'शंकराचार्य जी' कुछ दिनों मेहमान रहकर अचानक ग़ायब हो गये। उन्होंने न केवल राजभवन का आवास और भोजन ही पवित्र किया बल्कि कार, फ़ोन, नौकर-चाकर और वी.आय.पी. श्रेणी में अपना इलाज भी करवाया। वे तो और भी कुछ करते किन्तु एक-दो मूढ कर्मचारियों ने अपनी नादानी से उन पर शक कर लिया और वे भोपाल के भीड़ भरे शून्य में विलीन हो गये। सहिष्णुता के रंगहीन लिबास में सज रहा राजप्रमुख अचानक नंगा घोषित हो गया।

अब पुलिस उन्हें ढूँढ़ रही है और वे नहीं मिल रहे हैं। सब मानते हैं कि वे नहीं मिलेंगे, लेकिन मुझे विश्वास है कि एक दिन पुलिस उन्हें ढूँढ़ लेगी। तब वे अपने कला-कौशल का परिचय देते हुए पुनः शंकराचार्य हो जाएँगे और पुलिस-व्यवस्था को अपने पक्ष में इस्तेमाल करेंगे।

हाथी के नगर आगमन पर

पिछले दिनों नगर में एक हाथी पार्टी कार्यक्रम के तहत दौरा करते हुए आया। जिस गली से भी वह गुज़रा, कुत्ते उस पर भौंके। हाथी समर्थकों ने इसका विरोध किया। वातावरण में तनाव को देखते हुए प्रशासन ने हाथी के साथ पर्याप्त पुलिस बल लगा दिया। दूसरे दिन विरोधियों ने अख़बारबाज़ी कर दी। आरोप लगाया गया कि हाथी चोर है। चूँकि समाज में स्थापित मान्यता है कि कुत्ते चोरों पर ही भौंकते हैं। इसलिए सहज ही हाथी शंका के घेरे में आ गया।

जैसा कि इस स्थिति में होता है, दूसरे दिन आरोप के समर्थन और खण्डन में अनेक लोकल नेताओं की विज्ञप्तियाँ आयीं। सम्पादक के नाम पत्र लिखे गये, दो-चार जगहों पर पोस्टर लगाये गये। जनता-चौक नाम की जगह पर पार्टी कार्यकर्ताओं ने एक-दूसरे को गालियाँ दीं, मारा-पीटा, चाकू-छुरे निकले लेकिन चलने से पहले पुलिस आ गयी। स्वाभाविक था कि नगर के बुद्धिजीवियों के सामने समस्या खड़ी हो गयी। यह एक ज्वलन्त प्रश्न बन गया कि—"क्या हाथी चोर है?"

हाथी की पार्टी वाले कह रहे थे कि जब देश का संविधान सबके लिए (चोरी के) समान अवसर उपलब्ध करा रहा है तो श्री हाथीजी पर ही उँगली उठाने का क्या मतलब है? आज़ादी के बाद चोरों की कई क़िस्में उभरकर आयी हैं। लोगों ने अपने बाप-दादाओं का नाम और चरित्र बेच-बेचकर ये उपलब्धियाँ हासिल की हैं। सिर्फ़ उनके बड़े आकार के कारण इस तरह का विचार बनाना ठीक नहीं है। इस पक्ष को भी देखिए, सब जानते हैं कि चोरी लुकते-छुपते की जाती है और हाथी जी कितने दुबले क्यों न हों भैंस से तो तगड़े ही होते हैं। उन पर लगाया गया आरोप राजनीति से प्रेरित है। हाथी कभी चोर नहीं होते, क़तई नहीं।

समस्या पर कुछ लोगों ने सोचना शुरू कर दिया कि हाथी चोर नहीं होगा। हो सकता है वह शुरू-शुरू में चोर रहा हो और चोरी करते-करते आज हाथी बन गया हो। इस पर सोचा जा सकता है कि चोर एक बार हाथी बन जाए तो समाज में उसकी क्या स्थिति होगी। प्रबुद्धवर्ग उसके चरित्र की समीक्षा किस प्रकार करेगा। बहुत सूक्ष्म चिन्तन की आवश्यकता है इसमें। यदि सारे हाथी पहले चोर थे तो क्या यह कहा जा सकता है कि आज के सारे चोर कल हाथी बन जाएँगे। चोर एक घटिया प्राणी है जबकि हाथी सम्मानित। घटिया से बढ़िया होना किसी भी व्यवस्था

में विकास कहा जाता है। तो क्या चोर होना विकास की पहली शर्त मान ली जाएगी? हाथी हो जाना दुनिया की नज़रों में सफलता की पहचान है। यही कारण है कि सारे जानवर अपने बच्चों को हाथी बनाना चाहते हैं। यहाँ तक कि भौंकने वाले कुत्ते भी चाहते हैं कि उनके पिल्ले हाथी बन जाएँ। यानी सफलतापूर्वक चोरी करते चलना हाथी हो जाना है, और न कर पाना प्रगतिशीलता। लेकिन इससे क्या? छोड़िए इन बातों को, हमारी मुख्य समस्या यह है कि—हाथी चोर है या कि चोर हाथी है और कुत्ते उस पर भौंक रहे हैं।

आप जानते हैं हमारे देश में समस्याओं की वैसे ही कोई कमी नहीं है। अगर होती भी है तो हम नयी-नयी समस्याएँ पैदा करके उस पर राष्ट्रीय चिन्तन शुरू कर देते हैं। क्योंकि देश बुद्धिमानों और चिन्तकों से अटा पड़ा है। सोचने और चिन्ता करने को कुछ न हो तो व्यवस्था पर प्रश्नचिह्न लगने लगते हैं। व्यवस्था के लिए विचार और विचार के लिए चिन्तन तथा चिन्तन के लिए किसी समस्या का होना बहुत ज़रूरी है। इसलिए हमारी व्यवस्था का कारण समस्या है और शायद समस्या का कारण व्यवस्था। दूसरे शब्दों में, समस्या है तो हम हैं नहीं तो हम भी शून्य हैं। इसे यों भी कहा जा सकता है कि हम ही समस्या हैं और सम्भवतः हम ही व्यवस्था।

कुछ लोग हमें सेमी-बुद्धिजीवी मानते हैं क्योंकि राष्ट्रीय चिन्तन के एक-दो सस्ते प्रोजेक्ट में हम भी असिस्टेण्ट चिन्तक रहे हैं। जाहिर है कुछ ज़िम्मेदारी हम पर भी है कि व्यवस्था के पक्ष में सोचें। अगर नहीं सोचेंगे तो व्यवस्था हमें ही एक समस्या मान लेगी। तब कुत्ते भले ही न भौंकें मगर हाथियों के पैरों तले अवश्य रौंद दिये जाएँगे। हाथी अपनी समस्याओं का समाधान रौंदकर या प्रतिबन्ध लगाकर ही करते हैं। हाँ, अगर प्रसन्न हो जाएँ तो अपनी पीठ पर बैठाकर किसी भी चूहे का क़द ऊँचा कर देते हैं, दूल्हा बना देते हैं जनाब। सफ़ाई नहीं दे रहा हूँ, ना ही अपने को बचा रहा हूँ। मित्रो, मेरी जगह आप होते तो क्या करते? 'हाथी चोर है' इस विषय पर सोचना और अपने विचार व्यक्त करना कोई बुद्धिमानी है? अरे भई हाथी तो 'गणपति' है, पूज्य है। वो मंगलमूर्ति है, हमारा दाता है। उसके पास रिद्धि है, सिद्धि है। बुद्धिजीवियों का तो उसे साष्टांग प्रणाम होना चाहिए।

देशकाल के अनुरूप हर काम का अपना एक सिद्ध ढंग होता है। चिन्तन करने या सोचने का भी एक सलीका है। जीयो और जीने दो का लक्ष्य बनाकर ख़ूब सोचो, चिन्तन करो मज़े में। क्योंकि यही हम लोगों का काम है। हाँ तो, लोकप्रिय चिन्तन के हिसाब से 'अब' समस्या यही नहीं है कि हाथी चोर है, समस्या यह बनती है कि कुत्ते भौंकते क्यों हैं?

मैं सोचता हूँ कि प्रजातन्त्र है इसलिए भौंकते हैं। या यह भी कहा जा सकता है कि भौंकते हैं इसलिए हमें लगता है कि प्रजातन्त्र है। यदि प्रजातन्त्र को हम

कल्याणकारी व्यवस्था मानते हैं तो यह बहुत ज़रूरी हो जाता है कि जब कोई हाथी दिखाई दे उस पर कुछ कुत्ते अवश्य भौंकें। कुत्तों को भी यह समझ लेना चाहिए कि संसार का सबसे बड़ा सुख भौंकने में ही है। यदि हाथी चोर न हो, या चोर हाथी न हो या चोर और हाथी न हो या जैसा भी उचित समझें आप मान लें, अगर ये ना हों तो समाज में केवल दुम हिलाते कुत्ते रह जाएँगे और व्यवस्था में राजतन्त्र की बू आने लगेगी।

□□□